家じゅうのプチストレスを解消！

すごい 収納用品、すごい 100円グッズの 使い方図鑑

mujikko

エムディエヌコーポレーション

はじめに

　便利グッズって、なんであんなに心ひかれるんでしょうか。暮らしがラク になるのを想像して、ついつい買っちゃうんですよね。

　はじめまして、整理収納コンサルタント／もの選びコンサルタントとして活動しているmujikkoです。ブログ「良品生活」で整理収納についてや雑貨について書きながら、いくつかのショップで"アンバサダー"として雑貨を選んで紹介したり、コラムを連載させていただいたりしています。
　おかげさまでブログは読者登録1万5千名を超え、インスタグラムのフォロワーは4万人を超えました（2020年4月現在）。本当にありがたいことです。

　2012年にブログを始めてずいぶん経ちますが、人気の高い記事は、いわゆる「便利グッズ」を紹介した記事です。きっとそこには、読者のみなさんの「暮らしをラクにしたい！」という思いがあるからではないでしょうか。子育てに忙しい人も、料理や掃除、片付けが苦手な人も、便利なものがあるならば、その力を借りたいですよね。スキルや時間がなくても、道具ひとつで解決できるなら、こんなに素晴らしいことはありません。ドラえもんには到底及びませんが、便利グッズには困っている人を助けてくれる、そんな効果が少しはあると思うんです。

　この本では、数々の雑貨やグッズを実際に試してきたなかで出会った、本当に使えるアイテムたちを、わが家での実際の使い方、あるいは「こんな使い方もできる」というアイデアとともに写真満載で紹介します。
　さらに、2016年に熊本地震に遭った経験から、防災やアウトドアに使えるアイテムも最後の章にまとめました。
　この本を読んで、日々のプチストレスを解消するヒントが見つかったとしたら、これほどうれしいことはありません。

Dining
ダイニング

　対面キッチンのカウンターに無垢材のダイニングテーブルをくっつけて使っています。テーブルは8年ほど前に無印良品で購入したもので、いまはもう販売終了しているようです。いすもやっぱり無印良品のもので、「オーク材ペーパーコードチェア」と「オーク材アームチェア・丸脚」。見た目も座り心地もよく、気に入っています。

　子ども用には、ニトリの「木製スツール　セロBK」。値段は手ごろですが、頑丈にできていて、積み重ねもできるので便利ですよ。以前は、無印良品の大きなテーブルベンチを合わせていましたが、子どもが成長したこともあり、リビングに移動して棚として第二の人生を歩んでいます。

　このレイアウトは、作った料理をカウンターからさっと出せるのはもちろん、テーブルで仕事をしているときに振り向けば収納棚があるという点が、とても便利で快適なんです。

Kitchen
キッチン

壁側に設置したキッチンボードとカウンター下の引き出しが、キッチンのおもな収納です。引き出しや戸棚には無印良品の「ポリピロピレンメイクボックス」などを使って、取り出しやすくしています。基本的に、ものはあまり出しっぱなしにせず、中にしまってスッキリさせるのが好きです。

この家に暮らして8年ぐらい経ちますが、子どもが成長するにつれ、お皿やカトラリー、お弁当箱など、使うものも少しずつ変化していき、それに合わせて収納もちょっとずつアップデートしています。

Living
リビング

　リビングでは、無印良品の「スタッキングチェスト」をテレビボード
にしています。組み立てが大変ですが、そこだけ頑張ればあとは長く
使えます。大容量だし、中身が見えないし、リビングがスッキリしま
す。隣の棚は、「無垢材テーブルベンチ・オーク材」で、もともとはダ
イニングチェアとして使っていたものです。

　リビングの反対側には、またもや無印良品の「オーク材キャビネッ
ト」。この脚つきのものは販売終了しているようですが、奥行きがあ
ってかなりの大容量。食料品のストックや土鍋、やかん、そして引き
出しにはお菓子やエコバッグなどが入ってます。

　キャビネットの隣の「スタッキングシェルフ」は、無印良品の家具の
中でもトップクラスの人気！　現在はリビングと寝室に置いてます。

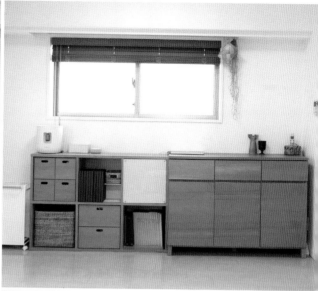

棚の数や大きさが選べるし、パーツも豊富なので、使う場所や人によってだいぶ姿が変わります。引き出しやチェストを入れ込んでいますが、この世界観を壊すことなく、収納しやすくなるので便利です。

そして、リビングの真ん中には、きれいなブルーに惚れて買った無印良品の「ソファベンチ」。座ってもよし、寝転んでもよし！　座面は硬めなので、包まれる感じではないです。広々してるのでベッドみたいな感覚でしょうか。これをリビングのアイキャッチにしているのですが、かなりインパクトがあるようで、まわりのごちゃごちゃは多少、ごまかせます(笑)。

あらためてリビングを見渡すと、大きな家具はぜんぶ無印良品のものでした。

Children's room
子ども部屋

　こちらは小学3年生の娘の部屋。もっぱらリビング学習なので、机はフレキシブルに移動できる無印良品の「パイン材テーブル・折りたたみ式」を選んで正解でした。折りたたみだけど、作りはしっかりしています。ぐらつきもないですし、子どもには十分な大きさ。PC台にもよさそうですね。そして何より、いざというときはたたんで収納しておけるという安心感！

　上着はニトリの「ハンガーラックSPS」にかけて、おもちゃや小物は、無印良品の「ポリプロピレン収納ラック」や「ポリプロピレンケース・引出式・横ワイド」にしまっています。

Wash basin

洗面台

小さな空間ながら、ものが多いうえ、水まわりゆえの
ヌメリなどが気になる場所。濡れるものはとにかく空中
に浮かせることをモットーに収納を工夫しています。歯
ブラシは、山崎実業の「吸盤トゥースブラシホルダー」で
浮かし、ハンドソープも「オテル ソープボトルホルダー」
というシートフックを使って浮かせています。

Contents

Chapter 2
見た目のごちゃつきを改善するグッズ …… 59

見た目のごちゃつきをスッキリさせるPoint …… 60

Chapter 3
掃除のハードルがぐんと下がるグッズ …… 79

掃除のハードルを下げるためのPoint …… 80

Chapter 4

掃除の頻度を減らす汚れ予防グッズ …… 91

掃除の頻度を減らすためのPoint …… 92

Chapter 5

必須じゃないけど地味に便利なグッズ …… 107

便利グッズが好きです …… 108

Chapter 6

これは優秀！ 防災 & アウトドアグッズ …… 127

もしもの備えの普段使いと災害時にも使えるアウトドアグッズ …… 128

本書の見方

・本書に掲載している商品情報は2020年4月15日現在のものです。
・商品はすべて私物です。
・価格や仕様など、商品の情報は変更になる可能性があることをご了承ください。

● メーカー or
　ショップ名

「100円ショップ」と表記している場合は、ダイソーやセリアなど、複数の100円ショップで取り扱っている商品です。

● 商品 DATA

サイズや価格など商品情報を掲載しています。価格の前に「購入価格」とある場合は、購入したネットショップでの価格です。ネットショップや購入時期によって異なることがありますので、ご了承ください。

● 使用した感想や
　おすすめの使い方

著者が実際に商品を使用した際の感想や使い方について紹介しています。使用感は、住居のタイプや家族構成などさまざまな条件により異なることをご了承ください。

Stress relief item

012

山崎実業

リビング

目隠し分別ダストワゴン
トスカ　2分別

幅36×奥行34.5×高さ55cm　購入価格7,920円（税込）

すき間に収まる、引き出せる

本来はゴミ箱なんですが、ゴミ箱以外としても使える便利なワゴン。
ネットでこれを見つけたとき「これだ！」とうれしかったのを覚えています。というのも、ずっと探していた「ペットシート入れ」にピッタリだからです。このワゴンにしまうだけで、一瞬で生活感が消えます。袋ごと入れられるので詰め替えの手間がなく、フタがないのも気に入っています。シートは1日に何度も交換するので、毎回、フタを開け閉めするのは結構面倒。前面がスチール製でマグネットをくっつけることもできます。もちろん本来の分別用のゴミ箱としても優秀です！

前面にパネルがついているので中は見せません。わが家ではペットシートを入れていますが、おむつ入れにもよさそう。手前のバーにスプレーボトルを引っかけています。

34

Chapter 1

ものの出し入れを
スムーズにするグッズ

ものの出し入れを
スムーズにする
Point

「いかにラクに暮らせるか」が私のモットー。1カ所にまとめたり、使いやすい所に置き場を作ったりと、ものの出し入れの際の動作、労力が最小限になるように工夫しています。置き場が決まっていれば、あとは「元の場所に戻すだけ」ですからね！

細かい管理が苦手なので、ほぼざっくり収納なんですが、仕切りのついたケースにして強制的に分類できるようにしたり、ラベリングしたり、何がどこにあるのか把握できるようにしています。

たとえばリビングには、文具や薬や雑貨など、さまざまなものが集まってきますよね。リビングは家族が過ごす時間が多いので、ものが増えるのはどうしても避けられないこと。わが家にも、リビングにはこまごましたものがいっぱいありますが、ここで使っているのが、「ポリプロピレンケース（通称／PPケース）」の引き出しが6つついたタイプで、「ポリプロピレンケース・引出式・浅型・6個（仕切付）」という商品です（p.40）。これを使い始めて以来、こまごましたものもきちんと管理できるようになりました。家族から「爪切りどこ？」「ばんそうこう知らない？」という質問が飛び交うこともなくなり、使ったら各自で戻すということもかないました。たかが収納用品、されど収納用品。しまうもの、使う場所、使う人に合った収納用品を選ぶだけで、ものの出し入れを飛躍的にスムーズにすることができます。

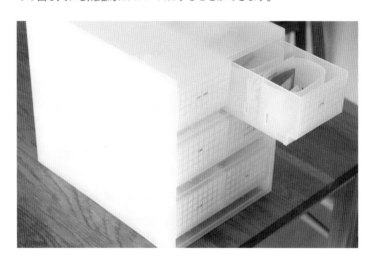

「ポリプロピレンケース・引出式・浅型・6個（仕切付）」が わが家のリビング収納にピッタリなワケ

1.
可動式の仕切りで 細かく仕切れる

このPPケースは、1つの引き出しに仕切りが3つずつついています。この仕切りのおかげで、入れたものがぐちゃぐちゃに混ざってしまうことがないので、強制的に整理できます。しかも、ポイっと入れるだけでOK。仕切りは収納したいもののサイズにピッタリ合わせられるのでムダがありません。自然と整って見えるなんて優秀ですよね。

2.
引き出しだけを そのまま出して使える

引き出しごとに文具、薬、ラベルライターなど、入れるものを使うシーンで分けておけば、家族も迷うことはないはず！ 文具などは、この引き出しごと使いたい場所に持って行って使うこともできます。また、あとで場所を移動させたいと思ったときも、引き出しごと入れ替えればOK。わが家でも、子どもの身長に合わせてときどき入れ替えるようにしています。

3.
ケースのダブル使いで 掃除もラクに

引き出しには、仕切りを取りつけるための穴が空いています。鉛筆削りや爪切りなどを入れると、そこに小さなゴミが入り込んでしまうことも……。そんなとき便利なのが、無印良品の「コットン・綿棒ケース」（p.42）。同じ無印良品のものなので引き出しにピッタリ収まります。このケースを入れることで汚れを最小限にとどめることができて掃除もラク。

001

無印良品

18-8 ステンレス ワイヤーバスケット

ワイヤーバスケット1　約幅26×奥行18×高さ18cm　1,690円(税込)…❶
同2　約幅37×奥行26×高さ8cm　1,990円(税込)…❷
同5　約幅37×奥行26×高さ24cm　2,890円(税込)…❸

家じゅうで活躍する万能アイテム

　とにかく何を入れても絵になるデキルヤツ！　パジャマのようなオシャレとは無縁のものを入れても、それなりに見せてくれるので助かっています。太めのワイヤーがカッコよくまとめてくれるんですよね。

　わが家では、リビング、キッチン、子ども部屋、寝室、そしてベランダでも使っています。どれも使い続けて5年以上経っていますが、変形も変色もありません。水がついてもサビ知らずです。ワイヤーのアイテムにありがちな引っかかりがほとんどないので布物を入れても平気。サイズ展開も豊富です。

Zoom up!

ふきんを入れて見える所に置いても、見た目がいいから許せます。白を基調にしたキッチンにスーッとなじんで悪目立ちしません。

取っ手を倒せば
スタッキング可

ワイヤーバスケットのいい
所は、持ち手を内側に折り
たたむとスタッキングでき
ること。シンク下収納の高
さを目いっぱい使えるし、
重ねても中身が見えるので
迷いませんよ。

ふきんを立てて収納

濡れたふきんを使い続けるのがイヤで、どんどん交換するか
らふきんが大量にあります。たたんでワイヤーバスケットに
IN。すぐ取れる位置に出しっぱなしにしてスタンバってます。

浅型はすき間にすっぽり

カウンターとテーブルのすき間にピッタリ収まった浅型の「バスケット2」。サイズ展開が豊富なのも、この商品の魅力の1つ。個人的には、このサイズが一番使いやすいかな〜。

ランドリーまわりでも活躍

洗面所でも活躍しています。バスマットや入浴剤を入れて洗濯機上の棚にON。バスケット自体に重さがあるので、中に入れるものは重くないものがいいですね。高い位置もNG。

仕切りスタンドを入れて プリントを収納

「バスケット1」に、「アクリル仕切りスタンド3仕切り」を入れたらピッタリ！ 息子のテストなどプリント類を立てて一時置き場に。このまま持ち運べます。

外遊び用のおもちゃを 入れて玄関に

外遊び用アイテムを入れて下駄箱の下に。汚れても水でジャブジャブ洗えるから気になりません。中に入っているものを隠しすぎず見せすぎず、なんとも絶妙な塩梅なんですよね。

❸を使用

リビングに置いて
見せる収納に

「見せる収納」に最適。ソファで使うブランケットや、リビングで着替える子どもの部屋着もポイッと入れるだけでオシャレに見える。ワイヤーバスケット・マジックですね。

❷を使用

濡れてもOK
サビにくい

水に強くてサビにくいということで、ベランダでも使ってます。室内のグリーンをまとめてこれにのせて、いっせいにベランダへ！　そのまま水やりできて、かなり便利です♪

002

無印良品

ポリプロピレン ファイルボックス・ スタンダードタイプ

ホワイトグレー・1/2　約幅10×奥行32×高さ12㎝　350円（税込）…❶
ワイド・A4用　約幅15×奥行32×高さ24㎝　690円（税込）…❷
ワイド・A4用ホワイトグレー　約幅15×奥行32×高さ24㎝　690円（税込）…❸

シンプルだからこそ用途が広がる

「ファイルボックス」というと、書類整理用のイメージがありますよね？　無印良品も当初はそのつもりで開発したらしいんですが、用途がどんどん広がって、今や家じゅうの収納に引っ張りだこの超人気商品。その理由の1つが、きっちり真四角ですき間なく並ぶこと。収納は、限られたスペースをいかにムダなく使うかが勝負だから、「すき間なく並ぶ」というのは重要。

　シンプルすぎる見た目も高ポイント。これに入れて、中身が見えないように並べるだけで統一感が出てスッキリ。収納初心者さんに取り入れてほしいアイテムの代表ですね。

キッチンカウンターの「ふりかけ入れ」として

「1/2」サイズをキッチンカウンターに置いて、朝食で使うふりかけを入れています。「1/2」はふりかけや味つきのりが見えすぎず、埋もれないちょうどいい高さなんです。

深い引き出しの仕切りとして

キッチンのシンク下の深くて使いにくい引き出しを「ワイド」で仕切ることで、使い勝手がよくなります。「ワイド」は、サラダスピナーも入るぐらい幅広で便利ですよ。

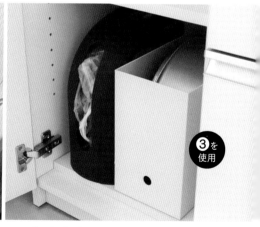

液だれOK 洗剤入れとして

「ワイド」にキッチンの掃除アイテムを入れて、キッチンの引き出しに。洗剤を入れると液だれして気になるものですが、ポリプロピレン製だから水洗いできてスッキリ。

大きな鍋も縦に収納できる

「ワイド」には大鍋も入っちゃうんです。ファイルボックスに入れることで、立てて収納することができ、棚板に直置きしたときの3分の1程度の収納スペースですみます。

003

ポリスチレン仕切板

大・4枚入り 約幅65.5×奥行0.2×高さ11cm　790円（税込）
小・5枚入り 約幅36×奥行0.2×高さ4cm　350円（税込）

パチッと手で
必要な長さで
折れる！

しまうものに合わせて
ジャスト収納

「よし、収納するぞ！」となって、すぐに陥るのが「ピッタリ合うケースがない！」問題。これで悩んでいる人って、結構、多いですよね。収納ケースのサイズが合わないと微妙なすき間ができたり、引き出すたびにあちこち動いたりしてとっても不便。

　そんなときに使ってほしいのが「ポリスチレン仕切板」です。仕切り板はほかにもいろいろ出ていますが、これは厚みがあり、しっかり仕切ってくれます。引き出しの幅に合わせてパキッと折って切れ込みに挟むだけ。入れたいものに合わせてサイズ調節できるので、常にジャストの収納に。「ピッタリ合わない」ストレスにサヨナラ！

━━━ キッチン ━━━

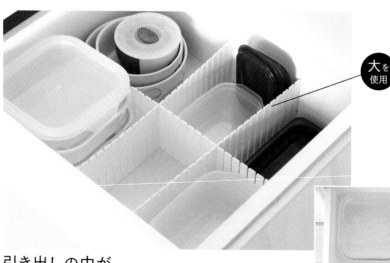

大を
使用

引き出しの中が
ガチャガチャしない

以前は100円の仕切り板を使っていましたが、使っているうちに微妙にズレてきて（汗）。これは厚みがあるので安定。引き出しを勢いよく開けても、中のものが動きません。

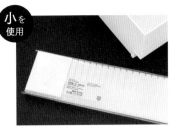

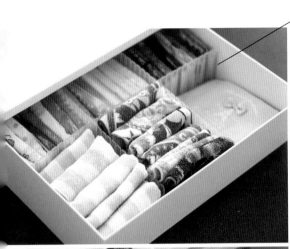

小を使用

ポケットティッシュと
ハンカチがスッキリ！

子ども２人分のティッシュ＆ハンカチ収納に悩んで、無印良品のPPケースを購入。これで仕切れば、どんなケースでもスッキリします。ちょうどいいケースを考えるのが面倒なら、これが一番(笑)。

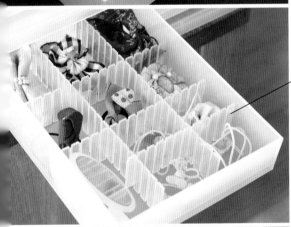

小を使用

1つ＝1仕切りで
わかりやすい

「小」で無印良品の浅いPPケースを仕切って、娘のヘアゴム収納に。1つ＝1仕切りの指定席を作れば、絡まりもゴチャつきもなし。小さな子どもでも、元の場所に戻せます。

大を使用

インナーが
ワンアクションで取れる

本来はこんなふうに衣類の仕切りに使います。ケースに仕切りを入れることで、たたんだインナーをシャキッと立てることができます。クタ〜ッとするイライラが解消できますよ。

004

無印良品

キッチン

3枚組　幅10cm用　幅10cm・1/2サイズに3個入る　99円（税込）

ポリプロピレン
シート仕切りボックス

ファイルボックスを
きっちり3等分

　無印良品の新しいアイテムです。1/2サイズのファイルボックスを3等分に仕切れます。これまで、試行錯誤しながら仕切っていたのが、簡単に仕切れるようになったんですよね。「こんなの欲しかった！」がかなったアイテムだと思います。しかも3枚入りで税込99円とコスパも最高！　1/2サイズのファイルボックス自体が便利なので、これと組み合わせれば最強！ファイルボックス1つに使うのは1枚でも、2枚でもOK。いろいろ応用できそうです。ワイドサイズ用もあり、さらに使い勝手が広がります。

朝ごはんのお供の
ふりかけやのりを整理

　これまで別のケースで仕切っていましたが、微妙に溢れ出たり。ピッタリ収まって、見た目も気持ちもスッキリ！　バタバタの朝でもセルフですぐ取れるようになりました。

コーヒーカプセルの
種類分けに

　前はお目当てのものを探すのに、引き出しの中をかき回していましたが、仕切ったおかげで飲みたいものがすぐに取れるように。高さもギリギリセーフで、引き出しの開け閉めも問題なし！

005

ニトリ

キッチン

Easy レバーキャニスター

内容量1200㎖ 幅10×奥行10×高さ20.3cm　799円（税込）…❶
内容量460㎖ 幅10×奥行10×高さ10.2cm　499円（税込）…❷
内容量270㎖幅7.6×奥行7.6×高さ10.2cm　399円（税込）…❸

開けやすい 粉が飛び散らない！

　一瞬で開け閉めできるレバーキャニスター。開け閉めの早さは、キャニスター史上一番だと思ってます(笑)。レバーを上げると密閉が解除されて自然と開く仕組み。フタがガバッと開くので取り出し口が広く、スプーンが入れやすいですね。

　調理中に中身を取るためにジッパーを開けたり、袋を閉じている輪ゴムを取ったりするのって面倒ですよね。これならストレスフリーに開け閉めできます。唯一の難点は、フタの作りが複雑で水が入ったときに拭けないので、乾くのに少し時間がかかることくらいですね。

中身が見えるから
取るときに迷わない

頻繁に使うだしパックも、開けたときに舞いやすい粉物も、500gの大容量コーヒー粉もきっちり収まりました。粉類が飛び散らず、密閉できるので湿気にくい点も超優秀です。

小さいサイズも
使い勝手〇

サイズが豊富なのも魅力です。冷蔵庫の中で使うことを考えると小さいサイズのほうが使いやすいかな〜。四角形なので庫内で収まりがいいし、中身や容量が見えるのも◎。

006

抗菌すべり止めシート
（流し台下用）

幅60×奥行150cm　628円（税込）

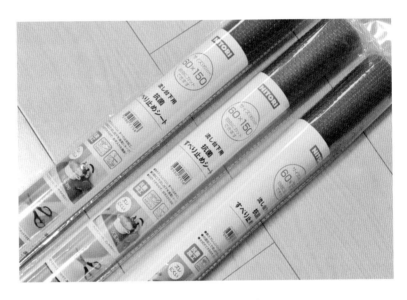

滑らないだけじゃない！　掃除もラク

　1枚の長いロール状になっているので、敷く場所のサイズに合わせてカットして使用します。表面が凸凹していますが、汚れても水拭きで落ちるので手入れもラクチンです。

　食器が動かない効果を一番感じたのは熊本地震のとき。余震と本震で2度も大きく揺れましたが、お皿が1枚も割れなかったんです。引き出しは全部飛び出ていましたが、食器は無事でした。混乱の中、お皿が割れていないだけで精神的にどれだけ救われたことか……。一度敷けばずっと使えるし、安全だし、ストレスも減りますよ。便利グッズと防災グッズを兼ねたアイテムですね。

敷いているのか、敷いてないのかわからないくらい影が薄いんですが、わが家にはなくてはならない存在。掃除がラクになりました☆

Stress relief item

007

セリア

キッチン

キッチン消耗品
収納ケース

M サイズ 幅26 ×奥行き 3 ×高さ 12㎝　110 円（税込）

ガバッと開くから詰め替えが簡単

　ジッパーつき保存袋の詰め替え用ケースとして使っています。ジッパーつき保存袋って、サイズがいろいろあるし、デザインもかわいいものが多いですよね？　ついつい買っちゃって……。で、残り少なくなっても、外箱は大きいままで「スペース取りすぎ！」問題ということに(汗)。

　種類もサイズもバラバラな保存袋を、まとめてこれに入れています。詰め替え作業は苦手ですが、これは上の部分がガバッと開くので入れやすいです。サイズ順に並べてもいいし、厚みで残り少ないのもわかります。思いつきで収納した割には、われながらナイスアイデアです。

ガバッと開くので入れやすく、詰め替えが面倒な人でもOK。種類の違う保存袋を一緒に入れても、取り出したいものがちゃんと取れます。

008

キッチン

アクリル小物収納・3段

約幅8.7×奥行17×高さ25.2cm　2,490円（税込）

縦・横で
使える

　わが家ではキッチンボードに入れて、紅茶
やスティックタイプのドリンクをIN。中身が
見えるので迷わず取り出せます。真四角なの
で棚の中で収まりがいいですよ。文房具やカ
トラリー類の収納にもオススメ。6段のもの
もあるので用途によって選んでくださいね。

009

キッチン

アクリルレタースタンド

ワイド　約幅8.7×奥行13×高さ13cm　750円（税込）
※下の写真のレギュラーサイズは販売終了。ワイドサイズのみ販売中。

コーヒー
フィルター
収納に
ちょうどいい

　コーヒーのドリッパー入れを探していて出会
ったのが、このレタースタンド。取りやすく
て、たっぷり入ります。円錐形のタイプのド
リッパーも入るし、大きいものは向きを変え
ると取りやすいですよ。アクリルなので清潔
感もあり、キッチンとの相性もバッチリです。

Stress relief item
010
ダイソー

キッチン

超強力マグネットミニ

直径約6mm　8個入り　110円(税込)

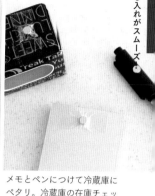

強力磁力で
ラップもペタリ

　この磁石は見た目は小粒なのに、とにかく強力で、通常の磁石の10倍なんだとか！　テープでつけるだけで、なんでも簡単にマグネット化させることができます。これをつけて、使う場所にくっつけておけば、取りに行ったり、戻したりのムダな動きがなくなります。

メモとペンにつけて冷蔵庫にペタリ。冷蔵庫の在庫チェックをしながら、買い物メモを作るときに便利ですよ。

Stress relief item
011
ニトリ

ランドリー

キャッチ式ハンガー

幅38×奥行1.2×高さ24㎝　5本組　304円(税込)

ベランダに置いている「ダルトン」のボックスに入れたらピッタリ。洗濯物を干す動線がスムーズになりました。

風が吹いても
ポールから
はずれない

　物干し竿をガシッと掴み、掴んだ所から1ミリも動かないので風が強い日も飛んでいく心配なし。5本組で税込304円というコスパのよさはさすがですね。似たようなハンガーはほかのメーカーからも出ていますが、干しやすくてコスパがいいとなるとコレに決定！

33

012

山崎実業

リビング

目隠し分別ダストワゴン トスカ ２分別

幅36×奥行34.5×高さ55㎝　購入価格7,920円（税込）

すき間に収まる、引き出せる

　本来はゴミ箱なんですが、ゴミ箱以外としても使える便利なワゴン。

　ネットでこれを見つけたとき「これだ！」とうれしかったのを覚えています。というのも、ずっと探していた「ペットシート入れ」にピッタリだからです。このワゴンにしまうだけで、一瞬で生活感が消えます。袋ごと入れられるので詰め替えの手間がなく、フタがないのも気に入っています。シートは１日に何度も交換するので、毎回、フタを開け閉めするのは結構面倒。前面がスチール製でマグネットをくっつけることもできます。もちろん本来の分別用のゴミ箱としても優秀です！

前面にパネルがついているので中は見せません。わが家ではペットシートを入れていますが、おむつ入れにもよさそう。手前のバーにスプレーボトルを引っかけています。

013

持ち手付帆布長方形バスケット

スリム・大　約幅37×奥行18.5×高さ26cm　1,890円（税込）…❶
スリム・中　約幅37×奥行18.5×高さ16cm　1,590円（税込）…❷

トートバッグにも
収納グッズにも

　比較的新しい収納グッズですが、初めて見たとき、オシャレかつ画期的！と感心しましたね。トートバッグを収納に使っているようなナチュラル感があって、部屋にもなじんでくれます。

　サイズが豊富なのはさすが無印良品ですよね。使い勝手もよくて、持ち手のおかげで持ち運ぶのもラクだし、底もしっかりしているので形崩れしません。柔らかそうに見えて意外としっかりしています。服を投げ入れても、ちょっとやそっとじゃ倒れませんよ（笑）。

　内側はコーティングされているので、多少の汚れなら拭くだけで取れます。アウトドアで使うのにも便利ですよ。

リビング

❶を
使用

掃除道具を入れてスタンバイ

掃除道具を入れてソファの横に。気づいたときに、すぐ掃除道具が取れて便利です。見た目は大きめのトートバッグなのでリビングに置いても、インテリアの邪魔をしませんよ。

Zoom up!

②を使用

カラフルな犬用の
おもちゃを目隠し

わが家では「スリム・中」を
犬のおもちゃ入れに。犬が
おもちゃを探そうとして、
バスケットの中に頭を突っ
込んではしゃいでも、柔ら
かいのでケガをする心配が
ありません。

━━━ ほかでも ━━━

②を使用

使わないときは、たたむとコンパク
トになり、場所を取らずに収納
できます。

汚れにくいから
アウトドアにもOK

天気のいい日にお弁当を入れて出か
けるのもいいですね。お弁当箱３個
くらい余裕で入ります。内側がコー
ティングされているので、中で飲み
物がこぼれてもしみ込みません。

014

無印良品

EVAケース・ファスナー付

B6　100円(税込)

こまごま&ゴチャつくものを
スッキリ小分け

　「EVAケース」はサイズやファスナーのあり・なしなど種類が豊富ですが、わが家で一番重宝しているのが「ファスナー付B6」。細かいものやゴチャゴチャになりやすいものを小分け収納するのに便利なんです。まずは電化製品のコード類。前は1つのケースにまとめて入れていましたが、絡まるし、必要なものが見つからないし……。

　これに入れたら、そのストレスが一気に解消しました。

　小さいおもちゃを入れるのも〇。ファスナーをスーッと横に滑らせるだけだから、子どもでも開け閉めしやすいです。ほかにもレシート、マスク、シール、ばんそうこうなどを入れてもいいかも。

リビング

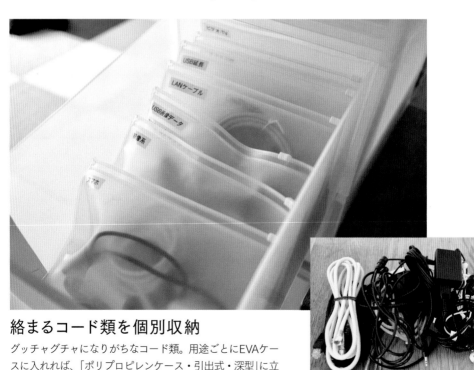

絡まるコード類を個別収納

グッチャグチャになりがちなコード類。用途ごとにEVAケースに入れれば、「ポリプロピレンケース・引出式・深型」に立てられます。ラベリングで取りたいものがすぐ取れます。

ほかでも

引き出しに立てると
出し入れしやすい

子どもたちが小さいころは、小さなおも
ちゃをざっくり分類して、これに小分け
収納していました。ケースに立てると取
りやすいですし、半透明なので中身がわ
かります。

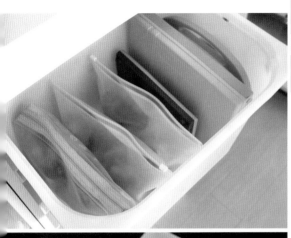

バラバラになりやすい
紙類にも

シールや便せんってちょこちょこ増える
し、どうしてもバラバラになりがちです
よね？　EVAケースに種類ごとに入れる
とゴチャつかないし、角が折れなくて◎。

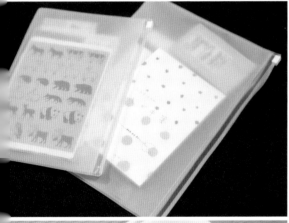

旅行やジムに行くときに
ポーチとして

EVAケースはポーチとしても使えます。
目薬、使い捨てコンタクトレンズ、常備
薬などを入れてもOK。サイズもいろい
ろあり、入れるものに合わせて選べます。
手ごろな価格なのもうれしいですね。

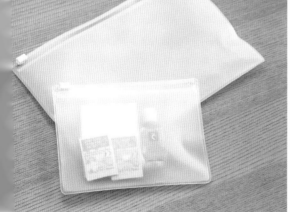

015

リビング

ポリプロピレンケース
引出式・浅型・6個（仕切付）

約幅26×奥行37×高さ32.5cm　2,990円（税込）

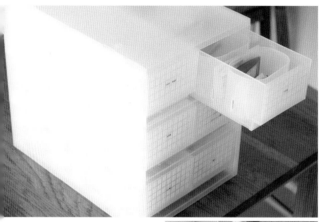

散らかる小物を
小分け収納

わが家の収納アイテムの中で、使用頻度は間違いなく1位。そして買ってよかったという点でも、1位と言ってもいいかもしれません。

引き出し6個の中に仕切りが3つずつついているので、中も細かく仕切ることができます。最大で18個の小さな部屋があるイメージです。爪切り、薬、文房具など、家族がよく使うこまごました日用品を分けて収納するのに最適です。

仕切りは移動できるので、入れたいものに合わせてジャストサイズに仕切れます。たとえば電池なら、入れた分だけ仕切れば、電池がコロコロ転がるのを防げますよ。

「あれどこ?」は
ここを見れば即解決!

リビング収納の中に2つ入れて、引き出し12個に家族が普段使うものを集結させています。何か使いたいものがあるときは、ここを見れば見つかるので、「あれどこ?」が激減しました。

016

山崎実業

扉

ジョイントバッグハンガー チェーンS

ドア用フック使用時：約幅7.5×奥行8×高さ77cm　購入価格1,781円（税込）

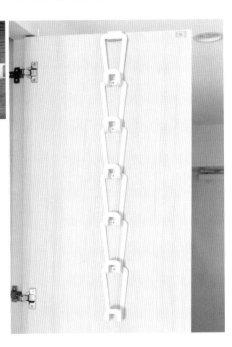

扉裏は もちろん 折り戸にもかけられる

　扉を収納に活用するときに便利なアイテムです。フック同士を引っかけるだけで、簡単に連結できます。ドライバー不要な点がいいですね〜。

　扉だけではなく、クローゼットの折れ戸にもかけられるから、利用範囲が広い！　子ども部屋の入り口にバッグや帽子をかけておけば、出かけるときにサッと手に取れます。扉にかけておけば、必ず目につくから、忘れ物防止にもなりますね。スチール製で、とにかく丈夫なので長く使えます。収納が少なくて困っている人は、これを使って、家じゅうの扉を収納スペースとして活用しちゃいましょう！

開き戸だけではなく、折れ戸にもつけられます。扉の暑さ約2.7〜3.6cmに対応し、扉と上の桟とのすき間が3mm以上ないとつけられません。事前に確認してください。

フックが6つついているので、3つずつに分けて使うこともできます。

ポリプロピレン メイクボックス

ポリプロピレンメイクボックス 約15×22×16.9cm　350円（税込）
ポリプロピレンメイクボックス・仕切付・1/2横ハーフ 約15×11×8.6cm　250円（税込）
ポリプロピレンメイクボックス・蓋付・小 約15×11×10.3cm　250円（税込）
ポリプロピレンコットン・綿棒ケース 約10.7×7.2×7.7cm　120円（税込）

サイズ違い、仕切りつきなど 豊富なバリエーションで いろいろ使える

　無印良品の超定番品だけど、やっぱりいいものはいい！　高さや仕切りなどのバリエーションが豊富で、組み合わせによってシステマティックな収納が作れます。家じゅういろんな所で活躍して、気づけば洗面台だけで10個以上使っていました。

　キッチンでは、深さのあるタイプを使って消耗品を収納。出っ張りがないので、キッチンボードの棚にスーッと収まってくれるんですよね。定番品だから、買いたいときにいつでも買い足せる安心感があります。ネットストア限定でおトクなまとめ買い商品もあるので、まとめて買いたいときはオススメです。

洗面所

サイズ違いのものを組み合わせて、引き出しの中を仕切っています。こまごましたメイク用品には「仕切付・1/2横ハーフ」を使用。ポイポイ入れるだけで自然と整理できますよ。

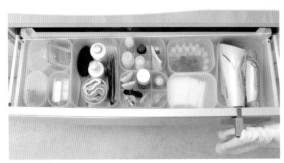

洗面台の上の引き出しに、ちょうど5個入ります。ドライヤーもすっぽり収納。「蓋付・小」は横にして入れると、これがまたピッタリ！

ほかでも

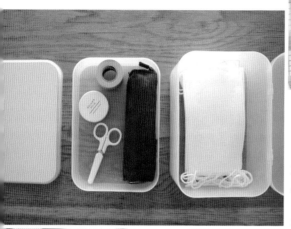

サイズが豊富
重ねると省ペースに

ケースがフタの役割をしてくれるので、重ねることもできます。重ねると、棚の上に省スペースで置けます。「蓋付・小」はマスクにちょうどいいサイズで、フタがあるので衛生的です。

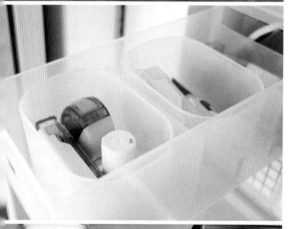

綿棒ケースを
PPケースに IN

「コットン・綿棒ケース」をPPケースの中に入れるという合わせワザです。仕切り板を使う方法もありますが、こっちのほうが、使うときにケースごと取り出して、使う場所に持って行けて便利です。また、鉛筆削りや爪切りなどの細かいゴミが下に落ちるのを防ぐので掃除がラク。

半透明だから
中身がわかる

キッチンボードの中にも5個ジャスト。一応、ラベリングもしていますが、半透明なので中身がうっすら見えて、何が入っているかわかりやすい！　持ち手に指を引っかけるだけでスーッと引き出せます。

018

プルアウトボックス

ロング　約幅8.5×奥行21.4×高さ7.1㎝　110円（税込）

フタの開け閉め不要
引き出すだけでOK

「プルアウトボックス」の特徴は、なんといってもフタを開けずに中のものを取り出せること。使用頻度が高いものは、いちいちフタを開け閉めするのって、ストレスですよね？　これはフタをしたまま中のものを引き出せます。キッチンで輪ゴムを入れたり、デスクでクリップを入れたりしています。スッキリしたデザインで、丸見えの場所に置いてもOKです。

洗濯機のゴミ取りフィルターを入れています。たまたまですが、サイズがピッタリなんです。

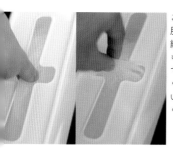

この十字の切れ込みが肝。十字だから、横でも、縦でも、どっちからでも取れます。薄いものでも1枚ずつ取りやすく、2枚いっぺんについてくるイライラがなくなりますよ。

洗濯機と洗面台に挟まれて、ひっそりとスタンバイ。ここにあるとすぐ取れて便利☆

019

いろいろな
場所で

マグネットテープ

約幅2×長さ150cm　110円(税込)

洗面台まわりの
こまごまをペタリ

　100円で買えるマグネットテープです。裏側が両面テープになっているので、貼るだけでなんでもマグネット化します。テープ式だから、貼るものや貼る場所に合った長さにカットできます。小さいものから大きなものまで対応可です。

　例えば、ホワイトボードの裏に貼れば、壁に穴を空けずにホワイトボードを取りつけることができます。

　洗面台上の収納棚の下にも貼ってみました。マグネットだから、ヘアピンがペタリ。洗面台まわりに散らかりがちなヘアピンが、簡単に整理できちゃいました。使うときも、手を伸ばすだけのワンアクションでラクですよ。

洗面台の死角に
ヘアピンをペタリ

ここ、どこだと思います?　洗面台上の収納の下に、マグネットテープを貼ってヘアピンをペタリ。顔は鏡を見たまま、手を伸ばせば取れます。引き出しや扉の中にしまうより断然便利ですよ。

マグネットボードを
簡単取りつけ

これは少し前の息子スペースです。100円ショップで買ったホワイトボードを壁に取りつけるのにマグネットテープを使いました。ホワイトボードの裏にもともとついているマグネットの位置に合わせて、上下2カ所に貼るだけ!　簡単です。

020

無印良品

クローゼット

吊るせる収納・
持ち手付ポケット

約幅41×奥行12.5×高さ45cm　1,990円（税込）

ハンガーを外すと
バッグに変身！

　このシリーズは5タイプ出ています。どれも真っ黒で、ナイロン100％。よくある布製のものは汚れが気になりますが、これは汚れにくく、汚れても水拭きすれば落ちます。

　5タイプの中でも画期的なのがこれ！　初めて使ったとき、「画期的すぎる〜！！」と感動しました。持ち手がついていて、このままバッグとして持ち歩けるんですよ。

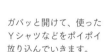

ガバッと開けて、使ったYシャツなどをポイポイ放り込んでいきます。

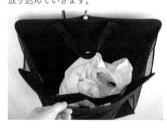

ハンガーを外せばバッグになるので、このまま持ち運んでクリーニングに出せます。

021

無印良品

クローゼット

重なるアクリルケース 2段フタ付引出・大

重なるアクリルケース 2段フタ付引出・大 約幅25.5×奥行17×高さ9.5cm　2,490円(税込)…❶
アクリルケース用・ベロア内箱仕切・格子・グレー 約幅15.5×奥行12×高さ2.5cm　990円(税込)…❷
アクリルケース用・ベロア内箱仕切・縦・グレー 約幅15.5×奥行12×高さ2.5cm　590円(税込)…❸

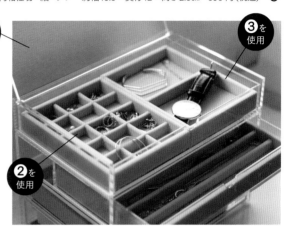

ポイポイ入れても きちんと収まる

「重なるアクリルケース」に「ベロア内箱仕切」を組み合わせて、手持ちのアクセサリーの種類や数に合わせた収納ボックスが作れます。仕切りの中にそれぞれ入れるだけで、きちんとしまえます。フタが透明で中が見えるので、選びやすく朝の準備も時短できますよ。

022

無印良品

クローゼット

アルミハンガー・ ネクタイ／スカーフ用

約幅7×高さ23.5×奥行5cm
350円(税込)

どこから 取っても ズリ落ちない

シンプルなフォルムだけど、かなり使える便利なヤツです。ネクタイを何本か重ねてかけても、取りたいものを引っ張ると、ほかのものがズリ落ちることなく、スルスル〜っと取れるんです。正面、横、裏、どこからでも面白いように取れます。ハンガー1つ分のスペースで何本もかけられるから、かなり省スペースです。スカーフにも使えますよ。

023

イケア

押入れ

スクッブ収納ケース・ホワイト

約幅44x 奥行55x 高さ19㎝　999円（税込）

ガバッと開いて出し入れしやすい

　このアイテムの利点は①スリムに見えてめちゃくちゃ入る、②ガバッと開いて出し入れしやすい、③形が崩れない、④前面に持ち手がついているから、出し入れしやすい。カバー類、シーズンオフの毛布、こたつ布団などを入れています。

024

イケア

押入れ

ディムパ収納バッグ・透明

約幅65 ×奥行22 ×高さ65㎝　399円（税込）

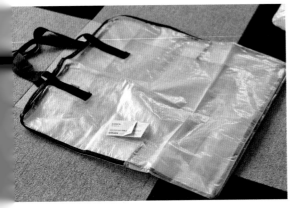

シーズンオフの家電がすっぽり！

　シーズンオフの家電をしまうときに重宝します。とにかく大きいので、ガスファンヒーターもすっぽり入ります。布団の収納にもオススメです。布団を重ねずに立てて収納できるし、中身が見えて使い勝手◎。大きな収納用品を買わなくても、これで間に合いそうです。

Stress relief item

025

ニトリ

押入れ

押入れ収納キャリー

幅37 ×奥行74 ×高さ23㎝　1,314 円（税込）

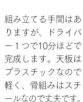

組み立てる手間はありますが、ドライバー1つで10分ほどで完成します。天板はプラスチックなので軽く、骨組みはスチールなので丈夫です。

押入れの奥の奥まで使い切れる

　押入れって、奥に入れたものが取りにくいですよね。衣装ケースや無印良品の「頑丈収納ボックス」がしっかり乗って固定されるものが欲しくて、いろいろ探してヒットしたのがこれ。即リピート買いするほど気に入り、押入れが劇的に使いやすくなりました。押入れの奥行を使いこなせなくて悩んでいる人に、絶対オススメです。

キャスターをどれだけ引きずっても破れない

　「押入れ収納キャリー」と一緒に使ってほしいのが、押入れ用の防虫シート。防虫だけではなく傷防止にもなりますよ。これまで紙製のものを敷いていましたが、キャリーを引きずって出し入れするから、いつの間にかボロボロに（涙）。押入れの中身を全部出して敷き直すなら、破れにくいものにしたいと思いますよね。これなら丈夫で長持ちしそうです。

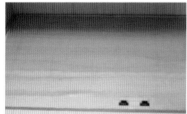

透明なのでわかりにくいですが、押入れには、同じくニトリの「汚れを防ぐ 押入れ・クローゼットシート」を敷いています。押入れのおよその寸法と必要な本数を確認してから購入を。

2段に収納できる
コミックスタンド

子ども部屋　　幅7.8×奥行23×高さ15.1cm　110円（税込）

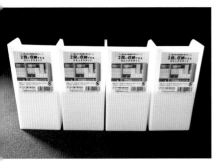

収納量が2倍に！
奥の本も見える

　無印良品の「スタッキングシェルフ」を本棚として使っていましたが、本棚にするには奥行きがありすぎるんですよね。そこで本を前後に置いてみましたが、後ろの列の本が見えない！　そんな悩みを解決してくれたのがこれ。前列と後列に段差があって、後ろの段が前より高いんです。だから後ろの段にのせた本の背表紙がちゃんと見えます。

Before

前はこんな感じ。「スタッキングシェルフ」は収納量があるので、文庫本なら前後だけではなく上下にも重ねられます……が、読みたい本が見つけにくい！

「コミックスタンド」を4つ並べてみました。プラスチック製でかなり丈夫なので、大きな本でも問題なく支えてくれます。

＼コレで解決！／

After

後列の本の背表紙が見えるから、お目当ての本がすぐに見つかります。高さに余裕があるので、前の本を動かさなくても後ろの本が取れます。

Stress relief item

027

無印良品

いろいろな
場所で

ナイロンメッシュケース・ポケット付き

B6サイズ用・グレー　450円（税込）

ポケットのおかげで
小さいものが迷子にならない

　ガジェット用に1つ買ったんですが、気に入りすぎて、最近もう1つペンケース用に買い足しました。泊まりがけで出かけるときには、スマホやタブレットのポータブル充電器を入れています。ケース内部についたポケットにコードを入れておけば、絡まらないのでサッと取り出してすぐ使えます。ケースを多少振りまわしても、ポケットから中のものが飛び出したりしないので安心です。

　そして個人的に気に入っているのがこの手触り。バッグの中に手を突っ込むだけで、識別できて取り出せます。素材がしっかりしているから形崩れしないのもいいですよ。

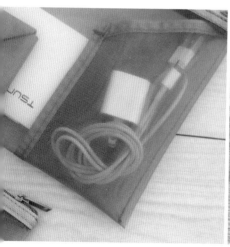

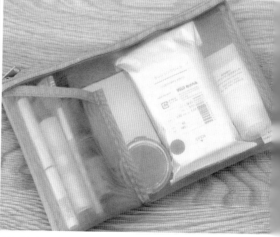

スマホの充電コードが
絡まらない

充電用コードを内ポケットにIN。絡まらないので便利です。ケースの中に小さなポケットがあるか、ないかで使い勝手が全然違うことを実感。さすが！無印良品です。

旅行用の
メイクグッズ入れに

旅行用のメイクグッズ入れに最適。アイブロー、マスカラ、アイラインなど細長いものは内ポケットに入れると迷子になりません。うっすら透け具合がいい感じで、外から見てどこにあるかすぐわかります。

028

無印良品

いろいろな
場所で

やわらか
ポリエチレンケース

大 約幅25.5×奥行36×24cm　990円（税込）…❶
深 約幅25.5×奥行36×32cm　1,190円（税込）…❷
ハーフ・中 約幅18×奥行25.5×16cm　690円（税込）…❸

柔らかめの材質が◎
家の中でも屋外でも大活躍

サイズのバリエーションが豊富で値段もお手ごろ。わが家
であっという間に数が増えました。別売りのフタを購入する
とスタッキングも可能です。室内だけではなくアウトドアに
も◎。キャンプ場ではバケツになったり、ゴミ箱になったり。
フタはトレーにもなります。無印良品の収納アイテムの中で
も、使いまわしという点ではベスト5に入ります。

子ども部屋にあるスタッキングシェ
ルフに、「ハーフ・中」を置いていま
す。2つ並べて、「これでもか！」っ
てくらいジャストサイズなのはやっ
ぱり無印良品ですね。

Zoom up!

❸を
使用

中には体操服が入ってい
ます。2人分別々に入れ
て、棚1段に並べられる
のがいいですね。目印を
つけて子どもが自分のケ
ースがわかるように。

ハーフサイズには
常温保存野菜を入れて

キッチンのすき間でもひっそりと活躍。中身は玉ねぎです。サイズ感がちょうどいいし、汚れたら洗えばいいので根菜入れにオススメです。

③を使用

Zoom up!

①を使用

Zoom up!

大きめの外遊び
グッズもすっぽり

子どもたちのヘルメットやボールなど外遊びの道具を入れて、玄関に置いています。砂が落ちないので玄関掃除がラクになりました。「大」には、子ども用のヘルメットが2人分ピッタリ入ります。

②を使用

②を使用

深さがあるケースには
書類や雑誌をIN

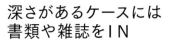

「深」にはA4のファイルがすっぽり入ります。大判の雑誌も入るし、フタをすれば重ねることもできます。保存しておきたいファイルや雑誌をしまっておくのに便利です。

53

029

いろいろな
場所で

仕切りスタンド

スチロール仕切りスタンド・ホワイトグレー 3仕切・小 約21×13.5×16㎝ 690円（税込）
アクリル仕切りスタンド 3仕切り 約13.3×21×16㎝ 1,190円（税込）

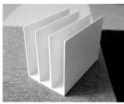

場所によって
材質を使い分け

　この仕切りスタンドにはスチロール製とアクリル製がありますが、最近、スチロール製がリニューアルしました。実は、従来品は変色しやすいのが難点でしたが、リニューアル品は「ファイルボックス」と同じホワイトグレーで変色の心配はなさそうです。

　アクリル製のほうは値段は高くなりますが、見栄えがいいので、デスクの上やオープン棚など見える場所で使っています。デスクに置いて、タブレット立てとして使うのもオススメですよ。お財布と相談しながら、置く場所や立てるものなど用途によって、スチロール製とアクリル製を使い分けています。

アクリル製は
見える所に

サイズがバラバラの絵本には持ってこいで、ずらっと並んだ本の真ん中を引き抜いてもバタバタ倒れることはありません。小さい子どもでも読みたい本がサッと取れます。

見えない所は
安さ優先でOK

キッチン収納の引き出しに入れて、大皿を立てています。見えない場所はお手ごろ価格のスチロール製でOK。数年前に買いましたが、ここは日が当たらないので変色しません。

Stress relief item

030

無印良品

いろいろな
場所で

ポリプロピレン
ウェットシートケース

約幅19×奥行12×高さ7cm　490円（税込）

ウェットシートだけじゃ
もったいない！

　歴代使ってきたウェットシートケースの中で、使いやすさも見た目も、ダントツです。フタがガバッと開くので詰め替えがしやすく、真っ白なシンプルさも気に入っています。置き場所を選ばず、どこに置いてもなじんでくれます。

　ただし、フタの部分にパッキンがないので、密閉性がすこ〜し甘いかも。たまにしか使わない場合は、乾燥が気になることがあるかもしれません。

　ウェットシート以外にもオススメで、お掃除シートやマスク、タブレットタイプの洗剤なんかにもいいですね。

マスクが
ピッタリ入る

もはや生活必需品のマスクが、「このケースって、マスク用」と思うくらいジャストサイズ。玄関に置けば、出がけにサッと取れます。フタができるので衛生的なのもいいですね。

食洗器用の
洗剤タブレットにも

食洗機用のタブレット洗剤も入れてみましたが、なかなかいいかも！　毎日使うものは開けやすさが大事ですから。メイク用の使い捨ての小さいスポンジ入れにも◎。

55

031

いろいろな
場所で

どこでもペタッとゴミ袋

幅25×高さ23×底マチ4cm　110円（税込）

ゴミがすぐに捨てられて
そのままポイ！

　普通のポリ袋と違うのはテープがついていること。どこでも貼れば、そこがすぐゴミ箱になります。ダイニングテーブルに貼れば、お菓子のくずも、消しゴムのカスもすぐ捨てられるのがいいですね。いちいち捨てに行く時間と手間が省略できます。来客時や子どもの友だちが来るときに、テーブルにつけておけば、各自にゴミ捨てを任せられます。

　デザインもかわいくて、18枚入りで100円はコスパ優秀です。底に穴の空いた生ゴミ用もあって、三角コーナーのように使えるタイプもあります。

勉強机の横で
ゴミをキャッチ

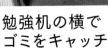

勉強机の横につけて、消しゴムのカスや小さなゴミをキャッチ。床にゴミ箱を置くより、全然邪魔にならないし、使い終わったら、口を閉じてそのまま捨てられて便利です。

濡れてもOKだから
洗面台につけられる

洗面台の引き出しのところにつけてみました。洗面台まわりって、髪の毛とかティッシュとか、意外とゴミが出るんですよね。ビニールなので濡れたものを捨てても大丈夫。

032

ダイソー

いろいろな
場所で

キークリップ

110 円（税込）

もう鍵をバッグの中で
ガサゴソ探さない

　鍵を探して、家のドアの前でバッグの中をガサゴソすることってありませんか？　私はよくやるんです（汗）。で、見つけたのがこれ！　クリップのついたキーホルダーというシンプルなものですが、その手があったか！という感じです。

　ドアに鍵をかけたら、バッグにカパッと挟むだけ。見えても悪目立ちしないし、挟む力もしっかり強いので外れたことはありません。バッグの中で鍵が埋もれることがないので、鍵を開けるのがめちゃくちゃ早くなりました。雨の降る日も、大きな荷物がある日も、サッと取れるのでイライラがなくなりました。

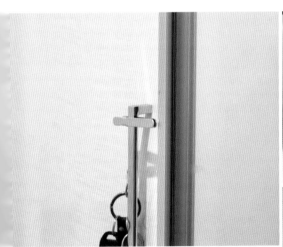

鍵につけて、バッグにクリップを挟むだけ！　バッグを持ち歩くとき、外から鍵が見えないように、鍵がバッグの中に入るようにクリップを挟むのがポイント。鍵をその辺に置いちゃう人は、玄関のわかりやすい場所に挟んでおく手もオススメです。

033

いろいろな
場所で

縦にも横にも連結できる
ポリプロピレン平台車

約幅27.5×奥行41×高さ7.5cm　1,990円（税込）

リビングにもなじむ
オシャレな台車

　この商品を発見したとき、こんな台車があるんだ！　と驚いたのを覚えています。台車というより、上にものが置けるキャスター台といった感じです。運ぶのが大変なものやよく動かすものをのせておけばスイスイ移動できますよ。私のように、掃除機をかけるときに「家具を移動させない系」の人間にはピッタリ！　リビングでは観葉植物をのせてみたら、掃除しやすいだけじゃなく、日光浴もさせられるようになりました。真っ白で主張しないのでリビングでも違和感ないですよ。

米袋の出し入れに
ぴったり！

廊下に置いてる米袋用にもう1つ買い足しました。これまで30kgの米袋を引きずっていた苦労は一体……。ちなみに耐荷重は80kg！米袋も余裕です。もし足りなければ縦にも横にも連結できますよ。

Chapter 2

見た目のごちゃつきを改善するグッズ

　ものを選ぶときは、できるだけシンプルなほう
を選ぶこと。また、ものが集まる場所には、収納
ケースやボックスを置くなどしますが、それも無
印良品のものなど、できるだけシンプルなものを
選ぶようにしています。

　半透明のケースなどで、引き出しの中が見えて
気になるなら前面に目隠しシートを貼って見えな
くするのも手ですよね。ただ、あまりに隠しすぎ
ると存在自体を忘れてしまうので、やりすぎは
NG。冷蔵庫であれば、賞味期限切れの食品だら
けになり、本末転倒です。

　目立つ場所やお客さまから見えるものはデザイ
ンもこだわりますが、押入れやキャビネットの中
など見えない所は、100円ショップのものも多く、
使いやすさ優先にしています。100円グッズも、
いまは使いやすい商品が豊富ですからね。

034

重なるラタン 長方形バスケット

同・特大　約幅36×奥行26×高さ31㎝　3,990円（税込）…❶
同・中　約幅36×奥行26×高さ16㎝　2,290円（税込）…❷
同・フタ　約幅36×奥行26×高さ3㎝　790円（税込）…❸
ラタンボックス取っ手付・スタッカブル　約幅15×奥行22×高さ9㎝　1,290円（税込）…❹

子どもたちが小さいころは、ダイニングテーブルにベンチを合わせていました（ともに無印良品）。このベンチに「特大」を置き、手拭き用のハンドタオルを収納。

見えてもいい、見せたくなる収納アイテム

ラタン素材は高級感があるから、リビングなど見せる場所に置いておきたいバスケットです。厚みもしっかりあるし、編み方もていねいで、長年使ってもほどけてきません。重たいものを入れなければ、同じサイズのものを重ねることもできます。

また、経年変化が楽しめるのも特徴です。買ったばかりのころは、なんとなくまだなじんでない色合いだけど、使うほどにきれいな飴色に変化していきます。

ということで、気がつけば家のあちこちにラタンバスケットが……。無印良品の不動の人気アイテムですね。

リビング／ダイニング

①を使用

リビングにシェルフを
置いていたころの写真。
シェルフの下に「中」を3
つ並べています。中はい
ろいろでも、正面から見
るとおしゃれな印象に。
ラクに引き出せます。

②を使用

Zoom up!

「特大」に備蓄用のドリン
ク類を。一番下には2ℓ
ボトルが3本入っていま
す。これもフタをすれば、
どこに置いても生活感が
隠せます。

①と③を使用

②を使用

Zoom up!

ポツンと置いても
さまになる

ヨガマットを入れたバスケットにフタをして
リビングに。ヨガマットはしまうと、出すの
が面倒でやらなくなるけど、これなら気が向
いたときにすぐできます。

ダイニングテーブルの下には
ハンドタオル

ダイニングのベンチを移動したので、ハンド
タオルを入れた「特大」は、テーブルの足元に。
こぼしたり、汚れた手を拭くときは、各自が
ここからタオルを取って拭きます。

小さいサイズは
ハンカチ入れに

子どもスペースのスタッキングシェルフに
は、「ラタンボックス取っ手付」を置いて、子
ども用のハンカチとポケットティッシュを。
木製のシェルフとの相性抜群。

お弁当グッズを入れて
カウンターの上に

子どものお弁当箱や水筒が毎日必要だった
ときは、キッチンカウンターの上に置いて、こ
こにポイポイ放りこんでいました。ラタンバ
スケットならじょうずに目隠しできます。

65

035

ニトリ

リビング

収納ケース
Nインボックス(W)

Nインボックス（W）レギュラー（ホワイト）　幅38.9×奥行26.6×高さ23.6㎝　712円（税込）
Nインボックス（W）フタ レギュラー用（ホワイト）　幅38.8×奥行26.5×高さ1.5㎝　304円（税込）
インボックス共通キャスター4個セット　304円（税込）

キャスターをつけて
イベントグッズを収納

　カラーは7色！　サイズはレギュラー、ハーフ、たてハーフ、クォーターの4種類。4種類を組み合わせて重ねると、ぴったりハマる仕様になっています。わが家ではレギュラーのホワイトを使っています。

　別売のキャスターをつけると、スイスイ引き出せるようになるので、押入れやクローゼットの床に直置きする場合にオススメです。

季節ものの雑貨を入れてリビング収納の一番下にしまっています。

底面に穴が空いているものはキャスターがつけられます。

キャスターをつけてから、またリビング収納に戻しました。

スイスイ動くので、どかして掃除機がかけられるようになりました。

シーズンオフのオーナメントを入れていますが、キャスターをつけたら引き出しやすくなったので、すぐに飾れますね。

Stress relief item

036

セリア

リビング

粘着テープ 開閉フック

2個入　耐荷重500g　110円（税込）

コードのカオスを
すっきり解消！

　今どきは充電するものが多くて、あちこち
にコードがありますよね。たいてい床に垂れ
下がっていて、掃除機をかけるときに邪魔く
さい……。このフックを使うと、浮かせるこ
とができるし、絡まりません。季節外家電を
しまうときのコード止めにも使えます。

パカッと開いて、挟んでパチンと閉じるだけ。裏面にかなり強
力な粘着テープがついているので、貼る場所の材質を選ばずに、
ほとんどどこでもつけられます。

tress relief item

037

イケア

リビング

ヴェムンド ホワイトボード

幅70×高さ50㎝　2,990円（税込）

リビングの壁に
プリントコーナーを

　子どもたちのプリントをまとめて
貼れるマグネットボードを探して、
これを見つけました。デザインにム
ダがなく、自己主張しない点がお気
に入り。このサイズ感が2人分のプ
リントを貼るのにちょうどいいんで
す。子どもたちも毎朝、これを見て
持ち物を確認するようになりまし
た。忘れ物が少し減ったかな？

壁にネジとアンカーを埋め込んで取りつけ。ボードが不要になったとき
に、ネジ穴を少しでも目立たせないために、あらかじめ壁紙をすこ〜し
剥がしてからネジを埋め込んでいます。

038

ニトリ

キッチン

ざるボウルフライパンスタンド

幅46 〜 86.5 ×奥行20.5 ×高さ17㎝（ハンドルガードは含まない）　1,790円（税込）
※上記の仕様は現行品のものです（写真は旧商品です）。

片手でヒョイッと
取れてラクチン

　フライパンや鍋って重ねると取り
づらい！　料理が不得意な私にとっ
て、料理が面倒に感じる原因でもあ
ります。そんな私をサポートしてく
れるのがこのスタンド。片手で取れ
て調理がスムーズです。コンロ下収
納にセットして、右側の空いたスペ
ースにオイルを入れています。

フライパンや鍋のサイズに合わせて、仕切りの幅が変えられるから、
フライパンを買い替えても、ジャストサイズに調整可能。

039

ダイソー

キッチン

マグネットケース

約直径9×高さ3.5㎝　110円（税込）

前面をカットして
インテリア小物に

　これを冷蔵庫にくっつけている
人、多いですよね？　わが家ではベ
ルマーク入れとして使っています
が、中身が見えるメリットを生かし
て、中に見せたいものも入れてみま
した。前面のプラ板をカットして、
エアプランツを入れたら、いい感じ
のインテリア小物になりました。

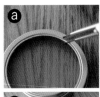
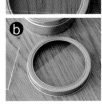

ⓐフタのプラ板を枠に沿って、カッターでカットします。手を切らない
ようにていねいに切り抜きます。　ⓑ3分の1程度カットするのがバラン
ス的に◎。ⓒ外気が入るので、植物を入れることができます。はみ出
させて立体感を出すのもオシャレです。

040

ニトリ

キッチン

ワヨウワン
汁椀 WAYOWAN マル（BR）

S　幅10.1×奥行10.1×高さ5.8cm　304円（税込）
M　幅11×奥行11×高さ6.4cm　356円（税込）

丸っこい形がほっこりしますね♪　持ったとき手になじみます。いつもの味噌汁も、これによそうとおいしそうに見えるから不思議（笑）。

入れ子になって
省スペース収納

　お椀って、見た目がかわいいものは食洗機NGが多いですが、これは食洗機も電子レンジもOK。デザイン性と機能性が両立しています。サイズ違いが入れ子になるので、省スペースで収納できます。キッチンの引き出しにキレイに収まってくれました。

041

オークス

キッチン

UCHIFIT
キッチンボックスハンガー

約幅26×奥行15×高さ11.5cm　購入価格3,300円（税込）

棚に挟むだけなのですぐつけられます。横から箱を入れられるようになっていて、正面はスッキリ。白を基調にしたキッチンにとけ込んでくれます。

カラフルな
パッケージを目隠し

　ロールタイプのキッチンペーパーは、1枚ずつ取りにくいのが難点。箱入りのものは、1枚ずつ取れるのはいいですが、置き場所に困るし、パッケージが派手だと目立ちます。これは正面からは見えないし、棚につけられて場所を取らないから邪魔になりません。

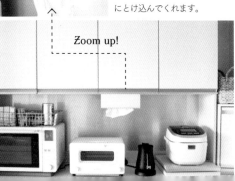

Zoom up!

ポリプロピレン
頑丈収納ボックス

大　約幅60.5×奥行39×高さ37cm　1,790円（税込）
小　約幅40.5×奥行39×高さ37cm　1,290円（税込）

商品名の通り頑丈でたっぷり入る
屋外で使うのにも便利

商品名の通りめちゃくちゃ頑丈！　大容量で丈夫で長持ち、そのうえ「小」は1,290円と買いやすい値段なのも魅力。

わが家は家族でよくキャンプに行きますが、キャンパーの間ではド・定番の収納ボックスです。キャンプでは「大」が使いやすいですね（「特大」はちょっと重いです）。収納用のアイテムですが、フタは100kgの重さまでOKなのでいすとしても使えます。

たくさん入って丈夫だから、防災グッズや非常食を詰め込んでおくのもいいかもしれませんね。ニトリの「押入れ収納キャリー」にピッタリ収まり、組み合わせて使うのもオススメです。

― アウトドア ―

小を
使用

ベランダに置いてガーデニング用品などを入れていますが、本当に劣化しにくいです。

キャンプ用品を入れました。こまごましたものをいろいろ詰め込んで、深さがあるので結構入ります。キャンプ場ではいすにもなって便利ですよ。

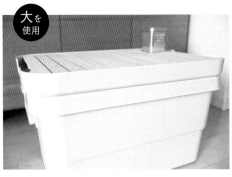

大を
使用

すのこをのせて
キャンプ用テーブルに

フタをひっくり返せば、本体にピッタリはまる仕様になっています。この上に100円のすのこでDIYした天板をのせれば簡易テーブルに。キャンプのときに活躍してくれます。

キャンプ用品が
たっぷり入る

「大」には、アウトドアグッズを詰め込んでいます。ポイポイ入れても、どんどん入ります。収納量が抜群で、"頼もしいヤツ"ですね。キャンプ用ライトは3つがラクに入ります。

押入れ

Before

小を
使用

大を
使用

以前は押入れに直置きしていました。ズズッと引き出すのに力が要るし面倒でした(汗)。

p.39 でも紹介！

押入れに収納した頑丈収納ボックスの出し入れをスムーズにするために、ニトリの「押入れ収納キャリー」を組み合わせてみたら……。

After

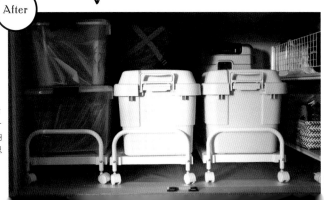

押入れ収納キャリーに頑丈収納ボックスをONして押入れに。キャリーはニトリのものですが、「頑丈収納ボックス用に作られたの?」って思うほど、サイズ感がピッタリです。

71

043

ポリプロピレン
収納ラック ほか

深大型　幅37×奥行26×高さ26cm　990円（税込）
薄型　幅37×奥行26×高さ9cm　690円（税込）

使いまわし度抜群！
収納のマストアイテム

　無印良品の収納アイテムの中でも、わが家で一番多く使用しているのがポリプロピレン収納の数々。クローゼットケースなど、引き出し式のロングセラー商品は使っている人も多いはず。サイズ展開が豊富だから、しまいたいものやしまいたい場所に合ったものが必ず見つかります。キッチンで使っていたものをクローゼットで再利用するなど、使いまわせるのが特長。その中で比較的、最近になってわが家に取り入れたのが「ポリプロピレン収納ラック」。積み重ねができるのはもちろん、オープンタイプなので出し入れしやすいのも魅力です。

━━ 子ども部屋 ━━

キャスターをつけて
掃除をラクに

ラックの「深大型」の上に「薄型」をひっくり返してつけると、棚の高さを広げることができます。わが家ではおもちゃ収納に使用。前面がフルオープンなので取り出しやすいです。

クローゼットには
もちろんマスト

クローゼットには大定番「ポリプロピレン
クローゼットケース・引出式」。幅が44cmで
奥行が55cmのタイプです。別売りのキャス
ターをつければ掃除もラク。

サイズの組み合わせで
収納量アップ

廊下の収納にもありましたね〜！　こちらは
幅が26cmで奥行が37cmの「ポリプロピレン
ケース・引出式」のシリーズ。ファブリック
類や工具などを収納しています。

引出式・6個は
リビング収納に

リビングではp.40でも紹介した「ポリプロピ
レンケース・引出式・浅型・6個」。無印良
品の「ポリプロピレン収納ケース用フロント
インデックス」で中を目隠ししています。

外出用グッズを入れて
下駄箱に

「ポリプロピレンケース・引出式」の「深型」の
上に「深型・2個(仕切付)」を重ねて、下駄箱
の中に。自転車や靴のケア用品、雨具などを
入れています。

044

山崎実業

子ども部屋

ランドセルスタンド スマート

幅28 ×奥行28 ×高さ100㎝　購入価格4,596円（税込）

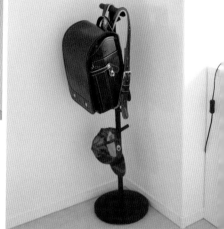

高さ1メートルだから 子どもがかけやすい

　子ども部屋にランドセル用の棚を置くスペースはないけど、床に直置きされるのはイヤ……を解決してくれたのがこれ。かけたままでも、教科書が出し入れしやすい点もいいですね。手提げ袋もかけられます。ランドセルを卒業したら、ハンガーとして使う予定です。

045

無印良品

洗面所

アクリル卓上用 ティシューボックス

ティシュー入　約幅14 ×奥行11.5 ×高さ7㎝　650円（税込）

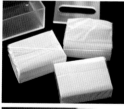

クリアな材質で 清潔感ばっちり！

　「アクリル」となっていますが、無印良品のほかのアクリル製アイテムのようにまったくの透明ではなく、すりガラスのような半透明の材質。オシャレな感じです。洗面台に置いていますが、通常のハーフサイズなので場所を取らなくて◎。5年ほど使っていますが変色もありません。

046

ダイソー

いろいろな
場所で

両面テープ付き
面ファスナー

2セット入　5×10cm　110円（税込）

粘着力が強いから
こんな場所にもOK

　床に置かれたコンセントタップが邪魔で壁づけにした
いと思い、超強力両面テープを買うつもりだったのが、
それ以上のものを発見！　裏側が粘着テープになってい
るので、つけたいものとつけたい場所にそれぞれつけて、
面ファスナーで合体させて使います。

　粘着テープがかなり強力なので、どこでも貼りつける
ことができます。コンセントタップ用ですが、アイデア
次第では、"空中収納"アイテムとして使えそうです。

同じくダイソーの「コードフック粘着テープ式」も買いました。

裏面は
こう！

コンセントタップとカウンターの裏側に、面ファスナーをそれぞれ貼りつけて合体させます。

Zoom up!

ここにコンセントタップをつけたら、
コードが邪魔にならなくて、掃除機が
けが断然ラクになりました。見えない
し、掃除もしやすいし、ホコリもたま
らない、一石三鳥ですね！

047

いろいろな
場所で

ポールハンガー スマート

幅 36.5㎝ × 奥行 36.5㎝ × 高さ 140㎝　購入価格 8,800 円(税込)

シンプルな見た目で
ごちゃつかない

　シンプルで理想的なコートハンガーを見つけました！
このＴ字形が思っていた以上に使いやすいんです。Ｓ字
フックを使わなくても、リュック、トートバッグ、帽子
など、なんでもサッとかけられます。ポールタイプのも
のは、いろいろかけるとクリスマスツリーのようにごち
ゃごちゃしがちで、しかも不安定。これはかけやすく、
場所を取らずにスッキリ置けます。

　土台に重石が入っているので、見た目以上に安定して
います。重いコートやリュックをかけてもひっくり返る
ことがありません。

コート、ストール、バ
ッグ、帽子などなんで
もヒョイッとかけられ
ます。リュックを適当
にかけても、バランス
が崩れて倒れることは
ありません。

ストッパーがあるので、
多少雑にかけてもズリ落
ちません。

048

リヒトラブ

いろいろな
場所で

ALTNA ケーブルホルダー
(マグネット付)

2.5×2.5×1cm　605円（税込）

ケーブルのダラーン問題を
すっきり解消！

　使いたかったのは、ノートパソコンの電源ケーブル。長くて、毎回ダラーンとなるのをどうにかしたかった！この商品は、マグネットがついたホルダーの裏側の溝にケーブルを挟むだけ。スチール面にはそのままつけられるし、付属のスチールプレートを使えば壁などにもつけられます。ケーブルの断線予防にもなるというので、一石二鳥。マグネットなら、外したケーブルをフックに引っかけるなどの手間もなく、ピタッとくっつけるだけ。取り外しも早い！　そして見た目もスマート！　あちこちにあるケーブルがスッキリできそうです。

入ってるのは、粘着テープのついたスチールプレートとマグネットの入ったホルダー本体。本体はシリコーンです。裏側の切れ込み部分にケーブルをはめ込みます。マグネットなので、ノートパソコンにはこのままくっつきます。今回は、コンセントから近い棚にスチールプレートを貼りつけました。

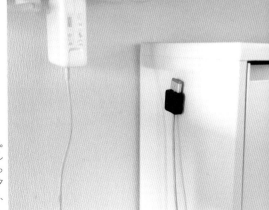

これはいいですね〜。
見た目にもスッキリし
ました。このあと思っ
たけど、電源アダプタ
本体にくっつけても、
よかったのかな……。

049

三ツ折りが簡単に作れる
スリムチケットホルダー

A4 三ツ折りサイズ・6 ポケット　縦22.2 ×横11.8 ×背0.4㎝　190 円（税込）

チケット以外にも
いろいろ使える

　このアイテムは最後のページに秘密が
あって、引っ張るとA4サイズのファイ
ルが出てくるんです。それにA4サイズ
の紙類を差し込んで折りたたむと、A4
用紙が簡単に三ツ折りにできます。商品
名の通り、チケットやパンフレットがキ
レイに収まってくれます。

切手シート、ハガキ、一筆箋が入
るので手紙セット入れにしてもい
いかも。旅行に持参して、旅先で
お便りを書くこともできますね。

050

ポリエステルパスポートケース・
クリアポケット付

ネイビー　約23.5 ×13 ×2.5㎝　1,990 円（税込）

診察券と
お薬手帳をセットで

　人気商品ですが、どんどん使いやすく
進化しているように思えます。特徴はた
くさんのポケットがあることと、中央に
クリアケースがついていること。しかも
追加もできちゃうという気の利きよう！
　カード類が入れやすく、探しやすいの
はメッシュ素材で透けるからかな？

2つ持っていて、「通帳用」と診察
券をまとめた「病院セット」にして
います。お薬手帳も余裕で入るの
で忘れなくなりました。

Chapter 3

掃除のハードルが
ぐんと下がるグッズ

とにかく床にものを置かない！　わが家の場合は、あとはお掃除ロボットが勝手にやってくれます。また、ピンポイントで掃除したいときのため、掃除機はコードレスのものをリビングに置いて、「すぐに手に取れる」ようにしています。

この「すぐ取れる」ことがかなり重要で、洗面台にはスポンジをくっつけておくなど、汚れやすい所のすぐ近くに掃除用具を置いておくのが一番です。ついで掃除だと、苦じゃないんですよね。ただ、丸見えの場所は、掃除用具のデザインにもこだわりたいですね。

私のように掃除嫌いな人はわかると思うのですが、掃除機をかけたりテーブルを拭いたりするとき、ものを動かすのがとにかく面倒なんです。1つくらいならどうにか許せても、大量にあるとそこは避けがちに(笑)。結局一番ラクなのは、ものがないこと。カウンターも棚の上も、ものがなければサ〜っと一気に拭けて苦にならないのです。

家具も脚つきか床にベタつきか、どちらかにしておきたい！　掃除機の入らない中途半端なすき間はできるだけなくしたいからです。だからテレビボードにはもともとある脚をつけずに使っています。

また、収納ケースなどのキャスターがつけられるものはできるだけ取りつける！　これだけで掃除のとき動かそうという気になれますからね。

掃除の
ハードルを
下げるための
Point

051

厚手台ふきん（30枚）

パッケージのサイズ：幅18.5×奥行16×高さ6.3㎝
1シートのサイズ：30×35㎝　407円（税込）

じゃんじゃん使えて
コスパも◎

　キッチンペーパーで拭くとすぐに破れそうだけど、布製のふきんで拭くとゆすぐのが面倒……というときに重宝します。かなり丈夫なので、冷蔵庫、カウンター、テーブルなど（軽い汚れ）→換気扇まわり、グリルなど（中程度の汚れ）→窓のサッシの溝など（かなりの汚れ）の順番に拭いていけば、使い捨てとはいえムダなく使えます。洗ったり、漂白したりする手間がないので、拭き掃除が断然ラクになります。

　しかも30枚入りで407円とコスパもよし！　心置きなくじゃんじゃん使えます。

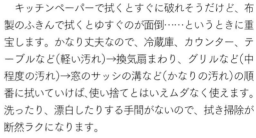

私は、フタ部分を切り取り、さらにサイドから背面までをハサミでカットして使っています。これがめちゃくちゃ取りやすいんです。残量もわかるし、立てられるので省スペース。

広げると30×35㎝とロールタイプのものより大きめ。1枚ずつ取れるし、台ふきんは折って使うものなので折る手間がないのも便利。

052

木製隙間ブラシ

無印良品

細かい所に

約幅18×奥行1×高さ2cm　190円(税込)

気になるあそこの汚れがスッキリ!

　まず、税込190円とは思えないほどの見た目!　天然木なのにコスパ最高なんです。これならしまい込まずに出しっぱなしにできますね。柄に穴が空いているから、ひもを通すと引っかけられて便利。汚れに気づいたときにすぐ手に取れて、掃除のハードルが下がります。

　濡らしてゴシゴシ磨くというよりは、乾いた部分のホコリや汚れを取るイメージですね。ブラシ部分は黒いので汚れも目立ちません。キッチン用とホコリ用の2本欲しいアイテムです。

トースターの下皿のパンくずが取れる

すき間に入り込んだパンくずって、全然取れないんですよね。このブラシは細いので、狙った所をピンポイントで掃除できます。柄が長いので、奥のほうまで届いてくれますよ。

コーヒーミルの掃除に最適

コーヒーミルで豆を挽いたあとって粉が残りますよね。そのまま次の豆を挽くのは、コーヒー好きには許せない!　このブラシは毛先が細いので極小の残り粉までしっかり取れます。

053

ダイソー

細かい所に

排水口水まわり洗い、保存容器・弁当箱洗い

排水口水まわり洗い　110 円（税込）
保存容器・弁当箱洗い　110 円（税込）

奥、すき間、溝の掃除はお任せ

　掃除は苦手だけど、やり始めると細かい所の汚れが気になる私。それで見つけたのがこの2つ。1セット2本入りです。「排水口水まわり洗い」の先端はスポンジと、直角にカットされたブラシ。直角ブラシは変わった形ですが、これで排水口の管のすき間が絶妙に掃除できます。

　「保存容器・弁当箱洗い」の先端は普通のブラシと円形ブラシ。容器の隅っこはもちろん、フタの溝部分を洗うのに便利。フタの溝って、スポンジではなかなか洗えないんですよね〜（汗）。ベタつきを残さず、キレイに洗える達成感がありますよ。

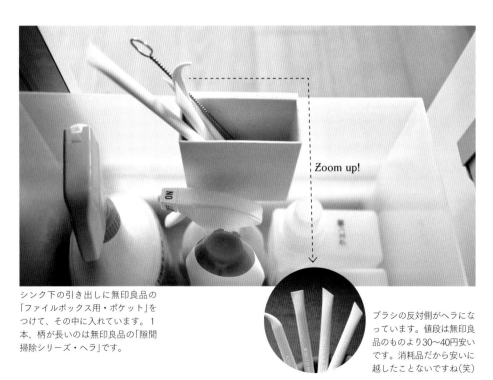

Zoom up!

シンク下の引き出しに無印良品の「ファイルボックス用・ポケット」をつけて、その中に入れています。1本、柄が長いのは無印良品の「隙間掃除シリーズ・ヘラ」です。

ブラシの反対側がヘラになっています。値段は無印良品のものより30〜40円安いです。消耗品だから安いに越したことないですね（笑）

054

卓上ほうき
（ちりとり付き）

無印良品

約幅16×奥行4×高さ17cm　390円（税込）

その場で
ササッと

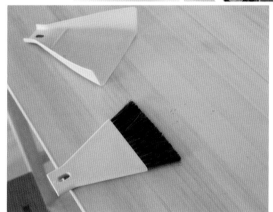

リビング学習の
マストアイテム

　ちりとりとほうきが合体しているので、ちょっと掃除したいときに、あると便利。穴が空いているので、S字フックで引っかけてもいいですし、自立するので立ててもよし！　テーブル、靴箱、勉強机など、細かいゴミが出る所に置いておきたいお掃除アイテムですね。

055

タイル目地ブラシ

約幅3×奥行19×高さ9.5cm　250円（税込）

無印良品

その場で
ササッと

S字フックに吊るせば
ワンアクションで取れる

　わが家の掃除の必需品です。特に、洗濯機を掃除するときには欠かせません。コシがあり、乾燥後にフタにこびりついているホコリが一発で取れるし、先端が細くなっているから細かい所にも◎。これがないと掃除のやる気が出ないのでストックを常備しています。

056

マーナ

その場で
ササッと

部分洗い洗濯ブラシ

約直径3.9×高さ11.4㎝　1,078円（税込）

容器に液体洗剤を入れて、
ひっくり返してプッシュす
ると洗剤が出てきます。ブ
ラシでこするから手が汚れ
ません。かなり便利ですよ。

この見た目なら
出しっぱなしでも許せる

　これまで部分洗い用に、洗面台に石けんとブラシを
置いてみたり（邪魔）、浴室で洗ったり（面倒くさい）と
いろいろやってみました。洗剤を入れるブラシは以前
からありますが、こんなにシンプルなのは初めて。こ
れなら洗面台に置きっぱなしでも許せますね。

057

マーナ

その場で
ササッと

洗面スポンジ
POCO 吸盤付き

本体　約直径6×厚さ3㎝
吸盤　約直径5.7×高さ4.5㎝　418円（税込）

汚れに気づいたら
すぐ掃除

　吸盤がつく場所ならどこでもつけられます。
水がかからないように鏡につけたり、逆さに吊
るしてもOK。
　掃除用のスポンジがすぐ目に入る場所にある
と、歯磨きしながら、空いた手で洗面ボウルを
こすり洗い……なんてこともできます。スポン
ジを直置きしないから水切れもいいですよ。

058

山崎実業

その場で
ササッと

スティッククリーナー スタンド タワー

約幅15×奥行24×高さ38cm
購入価格1,464円（税込）

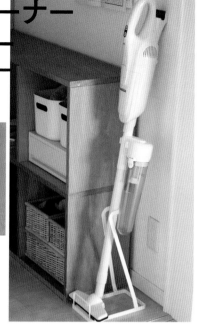

サイクロン式 掃除機にも ジャスト

わが家ではマキタのコードレス掃除機に専用のアタッチメントをつけて、サイクロン式にしていますが、このスタンドはしっかり支えてくれます。見た目はシンプルですが、これがなかなか安定感があるんですよ。遠くに置くと掃除が遠のくので、すぐ取れる場所に置いています。

059

カインズ

その場で
ササッと

立つほうき

約幅9.5×奥行6.5×長さ65〜78cm　1,280円（税込）

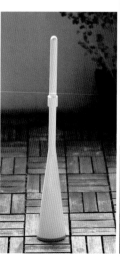

シャキッと立って 隅っこでスタンバイ

パッと見、ほうきには見えませんが、柄をスライドさせるとブラシが出てきて、ほうきに変身します。ほうきって立てかけるとブラシがヘタッて変形したり、ホコリが気になりますが、その心配もなし。ミニサイズの「立つ卓上ほうき」も発見！　こちらももちろん自立するので便利に使えます。

Stress relief item

060

無印良品

掃除の手間
を減らす

掃除用品システム・スキージー

約幅24×奥行7×高さ18cm　550円（税込）

汚れ落としと拭き取りがこれだけで

先端部分の片面が汚れを落とすスポンジ、片面が水を切るスキージーになっているので、これ1つで窓掃除ができます。片手にスプレーを持って、もう片方の手にはこれを持って掃除スタート！　持ち替える手間がないので早いですよ。1度使うと、これ以外は使えなくなります。

Stress relief item

061

マーナ

掃除の手間
を減らす

マグネット湯おけ

直径22×高さ7.6cm　1,848円（税込）

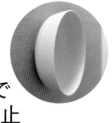

空中収納でヌメリを防止

最近は浴室内のマグネット収納が増えてきましたが、ついに洗面器までマグネット収納に。最初はどうかな～？と思っていましたが、数カ月経って、あのピンクヌメリを見たことがありません。洗面器を浴室の床や浴槽のフチに置かなくなったので、浴室の掃除がラクになりました。

062

セリア

いろいろな
場所で

メラミンスポンジ
ミニキューブ型

40個　110円（税込）

使い勝手抜群！
この大きさがいい

　100円ショップにはいろいろお世話になっています。最近は消耗品のリピート買いばかりですが、間違いなく一番多いのがこれ。メラミンスポンジの小サイズ！　メラミンスポンジといえば、もはや定番なのでみなさんも使っていると思いますが、水だけで汚れが落ちるなんて最高ですよね。しかも、このサイズであれば、気兼ねなく使い捨てできるので、掃除の頻度が増えます。コスパ的には大サイズのほうがいいかもしれませんが、使い勝手は小サイズが抜群です。

キッチンのシンク下にメラミンスポンジの大と小を分けて収納。よく使うものなので、引き出しを開ければサッと取れる位置にスタンばってます！

こんな
商品も！

学期末に持ち帰ってきた引き出し。兄妹そろってメラミンスポンジでゴシゴシ！　水に濡らしてこすれば本当にピカピカになります。

ダイソーでは、こんなにかわいいメラミンスポンジも！「メラミンクリーナー　富士山」。もちろん110円。富士山って言われないとわからないけどかわいい（笑）。完全にパケ買いですが、ついで掃除用にトイレに置きました。

Chapter 4

掃除の頻度を減らす
汚れ予防グッズ

掃除の頻度を
減らすための
Point

　換気扇や浴室などの汚れやすい場所は予防も大事ですね。使い捨てのフィルターに頼りまくっています。たっぷり汚れたフィルターを交換する作業はスッキリ爽快！フィルターの費用はかかるけど、掃除する労力にくらべれば、かわいいものです。

　一度掃除して懲りた場所、たとえば浴室の鏡や魚焼きグリルの排気口、調理中のソースの飛び散りなどは、便利グッズの力を借りてあらかじめ予防策を張るようにしています。もうあんな思いはしたくありません(笑)。

ステンレスボトル ハンギングフック

対応ボトルの口径　大4.2cm・中3.2cm・小2.4cm　対荷重800g　110円（税込）

ボトル浮かしの先駆け！

　発売されたとき、度肝を抜かれました！　単純だけど、すごい発明！　これで浴室のボトルをタオルバーに引っかけられるようになりました。シャンプーボトルを浮かせるためのフックなのですが、バーに引っかけておくとヌメらないので衛生的です。取りつけも簡単で、本体とフタ（ポンプ部分）の間に挟むだけ。浴室に置くものは浮かせるのが正解だと思っています。サイズが3サイズあって、泡タイプなどの太めのものや細めのものもありますよ。

　ボトル浮かしの商品が多くなってきた現在は、夫のシャンプーや小さなボトルをかけています。

取りつけも簡単。まず、ボトルのポンプ部分を外し、本体の口の所にフックの穴の部分をはめ込みます。あとはポンプ部分を元に戻せば完成です。

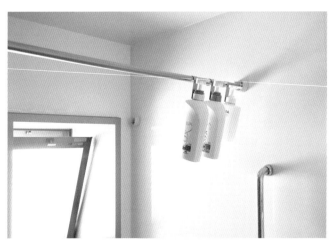

アイデアは プライスレス

ヌメりやすい場所ナンバーワンと言ったら、シャンプーボトルの裏。ラックに置いていてもヌメるから不思議なんですよね〜。そんなボトルは、浮かせればよかったんですね。値段は100円だけどアイデアはプライスレス！

Stress relief item

064

山崎実業

浴室

マグネットバスルーム収納シリーズ

ソープトレー 2 段 タワー　幅12×奥行8.5×高さ10cm　購入価格1,980円（税込）… ❶
ラック タワー　幅18×奥行8.5×高さ8cm　購入価格1,650円（税込）… ❷
シャワーフック タワー　幅5×奥行5×高さ16cm　購入価格1,320円（税込）… ❸

❶　❷　❸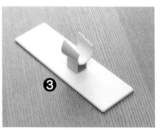

\ 裏面 /

裏側は、全面強力マグネットなので、思った以上にしっかりくっつくんです。一度くっつけると外すのが大変なほど！

マグネット対応の浴室に便利！

　浴室にはじめからついていた棚は、プラスチック製で水垢がつきやすく、落ちにくい！　掃除してもキレイにならないから掃除するのも面倒になり……思い切って全部取っ払ってマグネット式の棚に替えました。マグネットが壁につくタイプの浴室にしか使えませんが、これがめちゃくちゃいい！　さっと水切りできるバスケットタイプなので、ボトルの底裏もすぐ乾く！

　ステンレスなので水垢が目立たないし、気づいたときにサッと洗うだけでキレイをキープできます。水まわりで使うものは手入れがラクなのが一番ですね。

使いやすいものを取りやすい位置に配置することで、システマティックな浴室が作れます。浮いているので水切れもよく、衛生的ですよね。標準でついていた棚は、高さが合わず取りにくかったのですが、これは好きな高さに設置できるので、抜群に使いやすくなりました。

子どもたちが使うときや、犬のお風呂に重宝しています。これがあれば、シャワーを好きな位置で使えますよ。

95

065

山崎実業

浴室

マグネットツーウェイ ディスペンサー タワー

幅7×奥行9×高さ24cm　購入価格（シャンプー・コンディショナー 2本セット）　3,740円（税込）

マグネットでボトルを壁に直づけ！

　浮かせられるのでヌメりにくい「ボトルハンギングフック」（p.94）を愛用していますが、マグネットでくっつくシャンプーボトルが出たと聞いて、こちらも即購入。これも目からウロコのアイデア商品でしたね。なんといっても、詰め替え用の袋ごと入れられるのがうれしい！

　無印良品の詰め替え用シャンプーのような小さめの袋がピッタリ収まります。さらにこの商品のいい所は、ポンプを押すときにズレないこと。マグネットなのでズレそうですが、これが不思議と大丈夫なんです。マグネットが強力というのもあるし、ボトルの形状にも秘密があるようです。

\ 裏面 /

強力マグネットが全面についています。好きな所に設置できます。

\ 側面 /

ボトルを横から見ると、前に向かって傾斜がついています。

\ 中 /

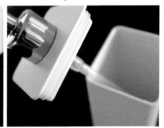

上からパカッと開けられるので詰め替えも簡単ですよ。

使い方

① 大きいので、パッケージごと入れられます。今回は無印良品のシャンプーを入れてみます。

② パッケージの上部を切ってチューブを差し込みます。フタは、ぎゅっと押し込めば閉まります。

③ 壁にペタッとくっつければ、はい完成。浮いてる、ズレない、場所とらない！ 三拍子そろった商品です。

④ そのまま押しても大丈夫。ズレることもないです。ただ、ポンプはちょっと硬めかな。しっかり押す感じ。

これがわが家の バスルーム 最終形態！

　これで、ついにシャンプーボトルまでくっつけることができました！　いろいろ浮きまくってますね(笑)。控えめに言って最高!!　マグネットがくっつく浴室ならオススメです♪　お値段がかわいくないけど、奮発するだけの価値はあると思います。

Zoom up!

p.89 でも 紹介！

洗面器も 浮かせています

洗面器も置きっぱなしにしておくとヌメリますよね。「マグネット湯おけ」なら、水切りできて◎。

掃除用具も 空中収納

掃除用具のヌメリを掃除する……そんな手間暇かけたくありません。だから、いろいろ浮かせています！

バスチェアも もちろん！

バスチェアを新調する際にやりたかったことがありました。それは、脚を浴槽に引っかけて浮かせること！

066

オテル
（パラデック）

洗面所

ソープボトルホルダー

幅9.5×奥行7.5×高さ9.5cm、耐荷重1kg　購入価格1,650円（税込）

ついにハンドソープも浮いた！

　洗面台は、マグネットもつかないし、引っかけるバーもない……。でもハンドソープは浮かせたい！　そんな願いをかなえてくれたのがシールフックでした。

　シールといえどもかなり強力！　引っかけたままポンプを押してもびくともしません。簡単に取り外せるので、詰め替えるときや持ち運びたいときも便利。もちろん、貼り直しできます。ちなみに水に強いので浴室でも使えるんですって！　洗面台にものを直置きしない効果はすごくて、サーっと一気に拭けるので掃除も早いし、清潔感もあるし、整然と見えますよ。

（使い方）

① 金具の穴をボトルの口に挟みます。ボトルの口が小さくて口が合わないかもと焦ったけど、アジャスターがついていました。

② シール部分を貼ります。ツルツルした所ならどこでもOK！　さらに貼り直しできるってありがたい！

③ 金具を引っかければできあがりです。シンプルだけど、ありそうでなかったアイデアですよね。

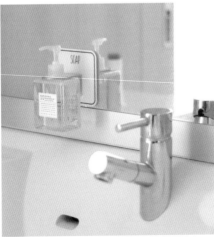

ジェルのシールがすごい！

引っかけたままプッシュしてもいいし、もちろんボトルを取り外して使うこともできますよ（外して使うことないけど……）。こういうのって、だんだん剥がれてくるんでしょ？　って疑ってた部分もあったけど、全然落ちない。驚いてます！

067

山崎実業

洗面所

吸盤トゥースブラシホルダー タワー 5 連

幅15×奥行4.5×高さ5.5cm　購入価格1,100円（税込）

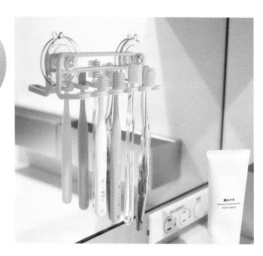

乾きやすくて 衛生的

　意外と場所をとる歯ブラシ。でも毎日使うものなので取りやすくしたい！　以前は立てて置いてたんですが、子どもも自分で取れるようになったのでこの商品に替えました。乾くのが早いし、衛生的なのがいいですね。100円ショップの類似品も試したんですが、耐久性と吸盤の強さは断然、こちらが上です。

068

東洋アルミ

浴室・洗面所

パッと貼るだけ ホコリとりフィルター

お風呂のドア用3枚入　約12×70cm　328円（税込）
換気扇用30cm3枚入　約30×30cm　328円（税込）

貼れば掃除が ラクになる

　浴室の通気口のフィルターはマストアイテム！　あのすき間の掃除って面倒くさすぎますからね。掃除しにくい場所は予防するに限る！　そしてかなり汚れているのに引くこと間違いなし……。フィルター類は取り替えるのは一瞬ですし、掃除の手間が減るので、取り入れない手はありません。

まずは貼る場所をしっかり掃除します。お風呂のドア用は長いので、ちょうどいい長さにカットします。片側は粘着テープつきなので、あとは貼るだけ。

換気扇用もペタッと貼るだけ。粘着力もちょうどいいです。

069

山崎実業

洗面所

蛇口にかける
スポンジホルダー タワー

幅6×奥行14.5×高さ12.5㎝　購入価格1,100円（税込）

洗っているときも邪魔になら
ないコンパクト設計。長年探
し求めていたものにやっと出
会った！　脱・吸盤できたの
がうれしい限りです。

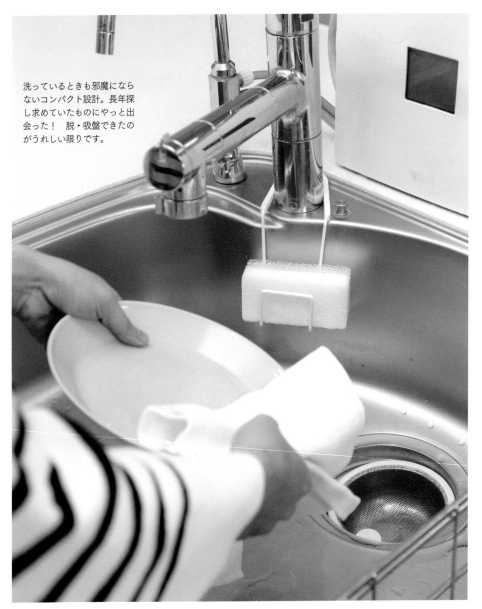

挟むだけのホルダーが
画期的すぎ！

　私、濡れる場所に吸盤をつけるのが嫌いなんです。たまに掃除すると、こびりついた水垢が全然取れないし、最悪カビてることも。さらには時間が経つと吸盤が劣化して外れやすくなるし、ストレスまみれ……。なので、この商品のおかげでやっとスポンジホルダーも吸盤から卒業できてうれしいです。とにかく洗いやすいし、蛇口を挟むだけという発想がすごい！　自然と外れたりしないのに、取りつけも取り外しも簡単。これまでいろいろな商品を使ってきたけれど、間違いなくNo.1！　ただし、シリコンのすべり止めが外れやすいのが、ちょっと残念です……。

この部分がしっかりホールドしてくれるので、落ちにくいです。

シリコンカバーがついているので、シンクに傷がつきにくいです。

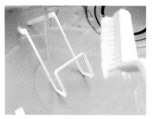

しっかり挟んでるとはいえ、クリップみたいなものなので広げれば簡単に外れます。ここが吸盤とは雲泥の差。汚れが気になったらすぐ洗えます。シリコンカバーは簡単に外せるので細かい所までしっかり洗えます。

この部分を蛇口の根元に挟みます。たったこれだけ！　取りつけはものの数秒です。

取りつけました！　デザインも洗練されてるし、ムダな所がひとつもありません。

こんな使い方も！

思い立って洗剤ボトルに直接つけてみたら、これがなかなかいい感じでした。大きめのボトルで、ある程度重さがないといけませんが、狭いキッチンではこれもありかもです。

ポリ袋エコホルダー タワー

キッチン　幅12×奥行9.5×高さ16.5㎝　購入価格990円(税込)

洗わなくていい!
ズボラーには神アイテム

　三角コーナーは、置いていません。三角コーナーってしっかり料理をする人、かつ几帳面な人のためのものだと思うんです。かなりの容量があるので捨てるタイミングが難しいし、だけどヌメらせないためには毎日洗う必要がありますから……。しかも、洗いにくいからといってゴシゴシこすりすぎると、傷がついてそこにカビが生えて……と悪循環!

　わが家ではもう8年以上前から、山崎実業のポリ袋ホルダーを使っていますが、もうこれのない生活は考えられない!　ホルダーにポリ袋を被せて、料理中に出たゴミをポイポイ捨てていくのですが、最後は袋を結んで捨てるだけなので衛生的。使い捨てのゴミ箱という感覚ですね。大きいサイズのほうを最近買い足したのですが、ポリ袋も大きめのものをセットできるので容量も増え、さらに便利です。

ビニールを引っ掛けて即席ゴミ箱にできる人気商品。ビニール袋単体より、このホルダーがあったほうが断然安定しますよ♪

使わないときは折りたたんでおけば省スペース。三角コーナーのように洗わなくていいのでズボラーには神アイテムです!

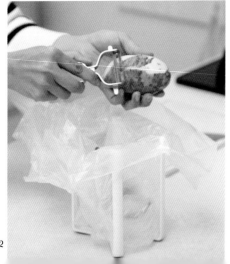

大きいサイズの「ポリ袋エコホルダー タワーL」なら水筒などを、普通サイズならコップやマグカップなどを乾かすのにも使えます。

071

山崎実業

キッチン

排気口カバー プレート

幅45〜82×奥行8×高さ7.5cm　購入価格2,100円(税込)

ただのせるだけなのに
効果絶大

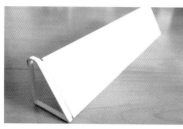

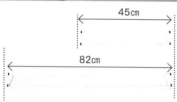

　これも掃除を最小限にするために取り入れたアイテム。みなさん、コンロ奥のグリル排気口の掃除、どうしていますか？　狭くて手は入らないし、暗くてよく見えないし、水は使っちゃいけない気がするし、まるでブラックボックス。ものすごく気を使うし、ストレスが半端じゃないです。あまりにも掃除が面倒なので買いました。これを排気口の上にのせるだけで、汚れが中に入り込みません。カバー自体は、サッと拭くだけで汚れが取れます。

　もちろんサイズ調整もできますよ。スライドさせることで45〜82cmまで伸ばすことができるんです。これなら、どんなコンロにもジャストサイズ！　かなり大きいコンロでも大丈夫そうです。

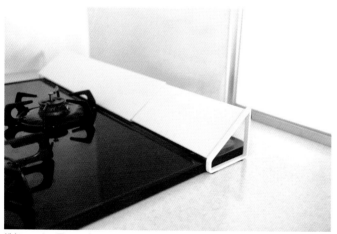

奥のコンロを使うときに当たらないか不安でしたが、傾斜がついているので、ちょうどいい感じにぶつかりません。滑り止めもついているので、簡単にはズレませんよ。

排気口の上に置いただけで、スッキリ！　今まで、知らないうちに飛んでいたであろう油も、これでしっかり防げます。表面がフラットなので拭きやすいし、スチール製なので洗いやすくて汚れも落ちやすいですよ。

こんな
使い方も！

対面式キッチンの場合は、倒して使えば、目隠しにもなります。急な来客でお客さんの目線が気になるときは、排気口カバーとしてではなく、目隠しに変身させちゃいましょう。これだけで印象が全然違いますよ。

072

セリア

キッチン

シリコンキッチンマット角型

約幅30×長さ30×厚み0.1cm　110円（税込）

レンジ庫内も
汚れ予防

　少し前にキッチンコーナーで見つけた電子レンジ用のマット。しかもクリア！　電子レンジの中って吹きこぼれたりしてすぐ汚れるんですよね。これを敷いておけば何がこぼれても寛大な心で対応できます。カットすればサイズ調整もできますよ。ただしオーブンでは使えません！　じつは、あまりに電子レンジと同化しているので存在を忘れ、これを敷いたままオーブン機能を使ったことがあります。ニオイで気づきましたが溶けていました。お気をつけください。

073

ニトリ

キッチン

油はね防止ネット 30cm

幅45×奥行30×高さ0.8cm　399円（税込）

なんといっても
コスパがすばらしい！

　掃除嫌いなので汚れの予防は大事！　これは調理中の油はねを阻止してくれる救世主！　フライパンで焼くときはとりあえずこれをのせています。油もソースもまったく飛び散らなくなるので掃除が劇的にラクになりますよ。もはやこれがないと料理したくない！　4サイズあるので、フライパンに合わせて選べますよ。

持ち手があるので熱くならないし、すき間に入れておける薄さなので収納も困りません。

074

ダイソー

キッチン

シリコーンIH　すき間ガード

270cm　110円（税込）

Zoom up!

これで爪楊枝掃除に
おさらば！

　汚れやすいコンロの汚れ予防に使ってほしいのがこのすき間ゴム。1本の細いゴムなんですが、かなり優秀！　キッチンカウンターとコンロの天板のすき間って汚れが入りやすくて、いつも爪楊枝を使って必死に掻き出していましたが、これ地味に面倒ですね。なんか、永遠に出てくるような気もするし……。でも、これをつけるとそもそもゴミや汚れが入り込みません！　取りつけは簡単でコンロの外側にぐるっと一周巻くだけ。引っ張りながら入れ込むだけです。

075

スコッチ
（スリーエム）

キッチン

メンディングテープ小巻

12mm×11.4m　購入価格110円（税込）

スーッ

Zoom up!

汚れが落ちにくい
パッキンを守れ！

パッキンってとにかく汚れが落ちにくい！　特にキッチンは汚れやすいし気を使います。でも、メンディングテープで予防できるんです。メンディングテープの利点は、貼ると存在感が消えるところ！　まったくわかりません。時間が経ってもセロハンテープのように剥がれてこないし、マスキングテープと違って水に強いのでキッチンまわりや水まわりでもOK。家具の壁への色移りを防ぐのにも使えますよ。100円ショップや文具店、ホームセンターで買えます。

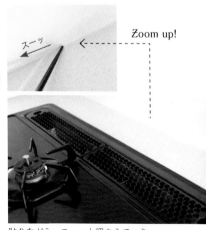

貼りながら、スーッと押さえていきます。ちなみに使っているのはお箸です。まっすぐ貼るのがなかなか大変だけど、貼り直しもききますよ♪

持ち運びも収納も◎
無印良品のミニ文具

頻繁に使わない文具はコンパクトなものに限りますね。
無印良品にはコンパクト文具もそろってますよ。

スティック型はさみ
450 円(税込)

スティック型のはさみはいろいろありますが、無印良品のものは片手でロック解除できるので、使いたいときにサッと使えます。バネがきいてるのでよく切れますし、普通のハサミと同じくらいの安定感があります。このサイズなら、常にペンケースに忍ばせておきたいと思えます。

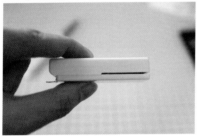

ポリカーボネイト携帯用ステープラー
450 円(税込)

ステープラーもここまで小さくなったのですね。たまにしか使わないので、この小ささはありがたいです。開いて中のストッパーを外すと、見慣れたステープラーの形になります。10枚まで綴じられるので、普段使いには十分！ これもコンパクトなので邪魔になりません。

折りたたみカッティングマット
1,290 円(税込)

カッターやのりを使うときに敷いておきたいのがカッティングマット。大きいので安定感があります。そして、これが半分に折れるというワザあり！
　ありそうでなかった新発想です。A3サイズなら大きな紙も一度で切れるし、書類整理からリメイクまで、いろんな場面で役立ちそうです。

メッシュケースが便利！

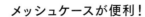

これらの文具をまとめるなら、「ナイロンメッシュケース」(p.51)がピッタリ。内側にポケットがついてるので、ハサミなどを入れても危なくありません。また、外側から見て何がどこにあるか一目瞭然なので、探す手間も少なくなります。

Chapter 5

必須じゃないけど
地味に便利なグッズ

便利グッズが
好きです

　便利なグッズは、どんどん新しいものが出てきますよね。少し前までは、便利グッズといったらキッチン用品が多かったですが、そのほかのものもどんどん進化して、以前より明らかに暮らしやすくなっています。わが家でいえば、浴室や洗面所ではマグネットのアイテムが主流になってきました。下に置かないのでボトル類もヌメらないし、ものを置かないことでスペースを広々と使えます。日々のちょっとしたストレスを、便利なアイテムを見つけて、一つずつなくしていく感じ。これが楽しい！

　とはいえ、正直これは失敗だったな……というのもあります。ただ、以前のように安いだけ、人気があるだけで飛びつくことはなくなりました。使っている場面を想像したり、メリット・デメリットを冷静に考えられるようになったからです。失敗をいろいろ経験したからこそ、もの選びの目も養われたような気がします。

　なくても暮らせるけど、あると暮らしがラクになる。私が家の中が好きなのは、このアイテムたちの存在が大きいです。掃除が嫌いでも、道具があればそれなりにキレイに保てますからね。

076

無印良品

ステンレスひっかける
ワイヤークリップ

ステンレスひっかけるワイヤークリップ 4個入　約幅2×奥行5.5×高さ9.5㎝　390円（税込）
セリア　竿にひっかけられるステンレスピンチ 2P　約幅3×奥行7×高さ10㎝　110円（税込）

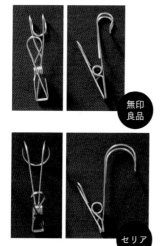

無印良品

セリア

アイデア次第で用途は
まだまだ広がりそう！

　引っかけられるクリップって画期的ですよね。クリップで挟めるものならなんでも吊り下げることができます。ムジラーにはもうおなじみの商品ですよね。お風呂場で洗顔ジェルを吊り下げたり、洗ったフィルターを挟んで乾かしたりしています。充電用コードを通して引っかければ床にダラーンとなるのも防げるし、ドライフラワーを作ったりもできます。本当に万能！

　最近では、100円ショップにもこの「ステンレスひっかけるワイヤークリップ」に似た商品がありますが、実用的にしっかりがっちり挟みたいなら断然、無印良品のものがオススメ。ただ、セリアには大きめサイズの「竿にひっかけられるステンレスピンチ　2P」というのがあります。フックの部分が大きいので、太い物干し竿にもかけられるのが魅力的です。

--- リビング ---

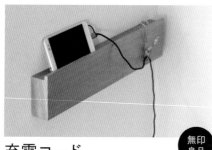

無印良品

充電コード、
ダラーン問題も解決!!

リビングの一角に作ったスマホの充電コーナー。ただ、充電中はいいけれど使ってないときは、コードがダラーン。このコードをワイヤークリップで挟んで引っかけておけば、コードが床につかない！　掃除もラクになりました。

無印良品

花をドライに
するときにも便利

「ひっかけるワイヤークリップ」のお気に入りの使い方はこれ！　切り花を挟んでそのへんに引っかけるだけできれいに乾燥してくれます。ちょっとしたインテリアにもなって◎。ステンレスなのでサビにくいところも優秀です。

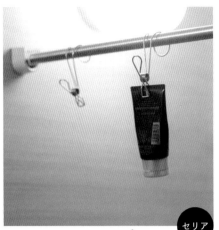

セリア

無印良品のワイヤークリップと比べるとはさむ力は弱めですが、洗顔ジェルもはさめました！ 引っかける場所や挟むものによって使い分けできるといいですね。

セリア

浴室の太めの物干しにもかけられました！ 無印良品のワイヤークリップだと、フックが小さくて引っかけられないんです。ちょっと干しておくのに便利ですね。

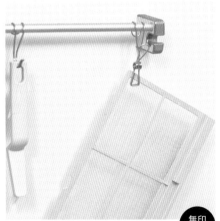

無印良品

素敵な使い方もいろいろできるけど、実際はこういう地味な使い方が多いかも。洗った浴室の換気扇のフィルターを挟んで吊るして乾かしています。

無印良品

洗面所の換気扇のフィルターも。フィルターばっかり（笑）。でも、このクリップがあると、洗ってすぐ干せるので便利です。そして、洗う頻度が増えるという副産物も♪

077

袋止めクリップ

約18cm　3本入り、約12cm　4本入、約8cm　5本入り　各110円（税込）

もう輪ゴムはいらない!?

　袋止めクリップを使い出して以来、輪ゴムの使用頻度が激減しました。輪ゴムより確実に留められるし、開け閉めも一瞬で爆速です！　小サイズを使うことが多いと思いますが、わが家ではロングタイプもよく登場します。長〜いタイプは冷凍食品の袋を留めるのにジャストサイズなんですよ。

　これまで輪ゴムでどうにかこうにか留めてた袋も、これだとすき間なく留められます。粉が落ちないっていい！　1つを長く使えるサスティナブルなアイテムですね。

クリップの定位置。第一軍のいい場所。でも最近は家じゅうあちこちで使いまくってて圧倒的に足りないので買い足さないと。

朝は食パン派はぜひ！

一番のオススメは食パンの袋！　一瞬で留められます。もともとついている留め具には毎回ストレスを感じていました。朝食はパンが多いわが家にとってはほぼ毎日のことなので、その効果はかなり大きいです。

冷凍食品にぴったり

冷蔵はもちろん、冷凍もできます。とくに冷凍食品の袋には、一番長いサイズがピッタリ！　お弁当によく使う揚げ物系の冷凍食品は開けたが最後、粉が落ちるのが宿命みたいな所がありますよね(笑)。それが、この巨大な袋止めクリップで解消できます！　ちょっとかさばりますが、輪ゴムより密閉できるのも◎。

078

ニチバン

キッチン

Dear Kitchen ワザアリ テープ ホルダー付

ロハコ限定 1箱 2.5cm×6m 2個入 購入価格 693 円（税込）

ビニールに しっかり貼りつく

食品の保存をするとき、中身や賞味期限を書くのに便利なキッチン専用のテープ。ポリ袋に貼って冷凍室へ入れても剥がれないし（マスキングテープや普通のセロハンテープはすぐ剥がれます）、ペタッと貼るだけなので簡単！ これまでポリ袋に直接書いていたけど、湿っていると書けなかったりしたのですが、このテープを使うようになってからは問題なし！

手でキレイにカットできるので、ハサミも技術もいりません。ホルダーにはマグネットがついているので冷蔵庫の横にペタッとつけています。ホームセンターにもありますが、デザイン性を求めるならLOHACOオリジナルがオススメです。ホルダー部分のデザインがオシャレです。

ひっくり返すとマグネットがついています。このおかげで、冷蔵庫などにペタッとくっつけておけるんです！

テープはホルダーから簡単に外すことができます。なので、もし使い終わったとしても替えテープを購入すればOK！ いろんな色があるので、気分によって変えたりもできますね。

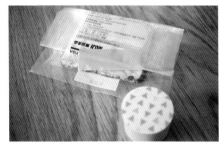

どんな素材にもしっかりつく

ジッパー袋にもポリ袋にもラップにもしっかりつきます。そのうえ、剥がすこともできます。マスキングテープはどうしても剥がれやすいし、セロハンテープは剥がしにくい。本当にいい所だけを持ったテープだと思います。

文字を書きやすい

マスキングテープなどは、インクを弾くものもありますが、これは書きやすくて乾きも早い！ にじむこともありません。これは地味にうれしいポイントでした。今回はマジックで書きましたが、ボールペンでもちゃんと書けます◎

079

耐熱ガラス食器(300円)

800㎖　330円（税込）

レンジもオーブンも食洗機もOK！

　これが300円!?　と疑うほどのハイクオリティな保存容器でした。本体は耐熱ガラスなので電子レンジもオーブンも食洗機もOK。使いやすいので出番も多いです。パッキンがないので完全密封とまではいえませんが、個人的には十分ですね！

　また、正方形はキッチンボードへの収まりもよし！　大きさも絶妙でして、グラタンや作り置きなどにもぴったりです。私が購入したのは大サイズですが、中サイズ（500㎖・220円）と小サイズ（310㎖・110円）もあります。

フタを外すと、2〜3cmは重ねられますよ。真四角なのも魅力！　フタがどっち向きでもハマるのが地味にうれしいです。

四角いので引き出しの中でデッドスペースができにくいのもいいですね。無印良品の「ポリスチレン仕切板」（p.26）で仕切っています。

電子レンジはもちろんのこと、オーブンにも使えます。

保存容器は中身が見えるという点も大事（見えないと放置しがちなので……）。ガラス製なのでニオイ移りもしにくいし、コスパ最高です！

080

無印良品

キッチン

ポリプロピレン保存容器になるバルブ付弁当箱

黒 スクエア／約460㎖　590円（税込）
黒 レクタングラー／約325㎖　490円（税込）

オールマイティーに使えて食洗機もOK

　お弁当箱なんだけど保存容器として使えるし、冷凍室に入れてもOK。オールマイティーに使える心強い存在です！　たとえば前日の残り物を小サイズのバルブ付弁当箱に詰めて冷蔵庫へ入れ、次の日はそのまま持って行っちゃうのもあり！これなら朝は別の容器に白ごはんを詰めるだけでいいので、お弁当作りのハードルが下がります。色は、白と黒があるんですが、迷わず黒を選びました。なぜなら保存容器として使うときに色移りを気にしなくていい！　カレーも余裕で入れられます。また、黒ベースだとお弁当箱として使うときにおかずが映えるんですよね！　視覚的においしそうに見せてくれるなら頼るに決まってる(笑)。

　そして、なんと言っても食洗機OKっていうのが最高ですね。耐熱温度は140度なので安心です。

中央にバルブがついているのが、この保存容器の特徴。これを押せば空気が抜けてほぼ密閉状態(このままでは開きません)。引っ張れば密閉解除。この状態でフタが開きます。このままレンチンもOKです！　ただし、フタを開けるときは、爪や指を入れてこじ開ける感じなので、ちょっと慣れが必要ですね。

収納は、引き出しに無印良品の「ポリプロピレンファイルボックス・スタンダードタイプ・A4用」(p.24)を入れて、その中へ(1つ出払ってますけど)。ちなみにパッキンとバルブはパーツ販売もあります。本体が壊れない限りはパーツを替えながらずっと使えますよ。

081

ニトリ

キッチン

珪藻土スプーン

5㎖　幅9×奥行3.5×高さ1.5cm　299円（税込）

一石二鳥でありがたい！

　珪藻土は湿気を調節してくれる素材として人気
ですよね！　バスマットに始まり、さまざまなも
のが出ていますが、珪藻土のスプーンは本当にオ
ススメ！　塩が固まらないうえ、軽量スプーンも
兼ねて便利です。1.25㎖、2.5㎖、5㎖、15㎖の
4サイズあるので、普段使いやすいサイズを選ぶ
のがいいと思います。塩なら1.25㎖で十分です。
ちなみに砂糖には入れないほうがいいですよ。乾
燥しすぎて逆に固まってしまいます。

082

ダイソー

キッチン

エッグタイマー

110円（税込）

これぞわが家の必需品

　時短家事の強〜い味方！　ゆで具合が視覚的に
わかるので、あと何分？とか気にしなくていいん
ですよね。隣でほかのものを作りながらでも絶妙
な半熟卵が作れるのはこの子のおかげ。私はダイ
ソーで購入しますが、100円ショップならどこで
も手に入りますよ。使い続けると1年くらいで卵
のようにヒビが入ってしまうんですが、コスパが
最高ですね。現在使ってるのは5代目かな？　リ
ピートしまくってます。

083

100円ショップ

キッチン

ミニ計量カップ

70㎖（目盛は50㎖まで）　5.1×9.6×高さ5.9cm　110円（税込）

上から目盛を
のぞけます！

　大さじ小さじの概念をガラリと変えてくれたこちら。めちゃくちゃ小さな「ミニ計量カップ」。これ、時短効果抜群です！　上から目盛が見えるし、目盛の表記も見やすくて使いやすいです。これを買ってから、一般的な"大さじ小さじ"を使わなくなりました。セリアでもダイソーでも手に入ります。わたしはニトリで買いましたが、100円ショップがおトクです（笑）。

084

ニトリ

キッチン

シールフック
シェーバーホルダー

幅5.1×奥行2.2×高さ6.8cm
304円（税込）

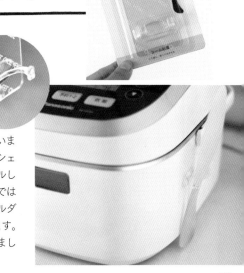

ペタッと貼るだけ、
貼り直しOK！

　ニトリには貼って剥がせるシールフックが充実しています。一般的なフックに始まり、小物置き、歯ブラシやシェーバーホルダーなど、どんどん増えてますね。ツルツルした面ならどこでも貼れますし、のりがついているわけではないので貼り直しもOK！　わが家ではシェーバーホルダーを炊飯器に取りつけて、しゃもじホルダーにしています。イレギュラーな使い方ですが、かなり取りやすくなりましたよ。ちなみに、一度も外れたことはありません。

085

マーナ

キッチン

極しゃもじ プレミアム

約幅6.7×奥行2.3×高さ21.9cm　1,078円（税込）

もう元のしゃもじには戻れない！

しゃもじを新調したら、持ち手が太くてもともとのケースに入らなくなってしまいました……。それで、炊飯器にニトリのシェーバーホルダーを貼って、しゃもじホルダーにしたわけですが（p.117）、新調したのがこちら、プレミアムな「極しゃもじ」！　ごはんをつぶさず、しかもくっつかずにスーっとすくえますよ。使い勝手は最高なので、もう元のものには戻れません！

086

マーナ

キッチン

エコカラット ボトル乾燥スティック

約2.7×22.6×1.1cm　1,078円（税込）

目のつけ所が主婦目線で秀逸！

珪藻土の約5倍の吸・放湿性を持つ「エコカラット」というものも登場しました！　まだまだ種類は少ないけど、これから珪藻土に変わって定番になるかも？　この「ボトルスティック」は水筒の中が乾かない問題をさくっと解決してくれます。洗ったあとはこれを差し込むだけ。数時間でカラッと乾きます。乾くまでなかなか収納できなかったけど、これがあれば出しっぱなしの時間が短縮できますよ。シリコーンカバーがついているので水筒の中も傷つきません。

Stress relief item

087

山崎実業

洗面所

マグネット＆シンク扉
ゴミ箱 タワー

幅17×奥行9.5×高さ17cm　耐荷重：約1.5kg　購入価格2,750円

ゴミ箱も浮かせて快適！

　洗面所のゴミ箱は床に置くと犬がイタズラするので、フタつきのものに替えたけど解決せず……。クリップで挟んで無理やり吊るしてみたものの、見た目的にもテンションダウン……。試行錯誤ののち、ようやく出会ったんです、理想的なゴミ箱に！　引き出しに引っかけるだけなので簡単に取りつけられるし、浮いているから掃除の邪魔にならない。もちろん、フタつき！　フックとマグネットの2ウェイなので、洗濯機などマグネットがつく場所には、フックを使わなくても貼りつけられますよ。

(使い方)

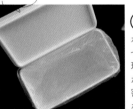

① ポリ袋を内側にかぶせておけば、ゴミ処理もラク。パッキンがあるのでしっかり密閉できてニオイ漏れもなさそう。

② 本体はマグネットつきだけど、ここにマグネットはつかない！　そんなときは引き出し側にフックを引っかければOK。

③ 本体のマグネットと引き出しに引っかけたフックをペタッとくっつければ、でき上がり！　ゴミ箱が宙に浮きました。

088

無印良品

いろいろな
場所で

ポリプロピレン
チューブ絞り器

6×9cm　3個入99円（税込）

99円の優秀アイテム

　歯磨き粉、ハンドクリーム、チューブタイプの調味料など、家じゅうのチューブに取りつけてます。これをつけると毎回必死に押し出さなくてよくなります。そして、ハンドクリームなどは最後まで使いきれるようになるから不思議！　上の余った部分を折りたたんで留めればコンパクトにできます。折りたたむほどコンパクトになっていくので中身の量が瞬時にわかりやすいです。

　3つ入りで税込99円というハイコスパ！　チューブって、探すと家じゅうにあると思います。3つなんてあっという間に足りなくなりますよ。取りつけるときにコツがいるんですが、上から斜めに入れるとすんなり入るのでお試しください！

① 入り口はかなり狭くなってるので力が必要です。まっすぐ入れても入らないときは、斜めにするとすんなり入りますよ。ここがポイントですね。

② 後ろのクリップに余った部分を挟んでおくと、ちょっとコンパクトになります。少なくなったらこのまま下にスライドすればOKですよ。

③ はい、ストレスフリー！　いいですね。シンプルで使いやすいです。そう、こういう超シンプルなのが欲しかった！

もちろん歯磨き粉にもジャストサイズ！　キッチンではコチュジャンのチューブにちょうどよかった。ただ、生姜チューブには大きいかも？　使えないことはないと思いますけどね。

089

無印良品

洗面所

両面使える
洗濯ネット・丸型

小　約幅36.5×奥行25×高さ25cm　250円（税込）

地味だけど
確実に時短になる

イライラが確実に減る洗濯ネット！　リバーシブルなので裏返しになっているのをひっくり返す作業がないので、洗濯のときのストレスが1つ減ります。そしてこれが意外と時短になるんですよね。丸型で洗濯ネットとしての使い勝手もいいので全部これに買い替えました。大、中、小に平型と4種類ありサイズ違いでそろえています。たかが洗濯ネット、されど洗濯ネット！

ファスナーは2つついてます。カチャカチャ動かす手間がいらないので早いです。地味だけどうれしいポイント。閉めたあとのファスナーはちゃんと隠せるようになってます。

ひっくり返すと、端の処理もしっかりしてます。裏でも問題なく使えますよ。いちいち表裏を確認する必要がないので、ストレスが減りました！

ひもつきなので、引っかけることもできます。ただ、ひもは裏側にはついていないので、ひっくり返さないといけないですが……。

洗濯ネットは、棚の左端にある無印良品の「ポリプロピレン収納キャリーボックス・ワイド」にポイポイ放り込み収納。

090

無印良品

洗面所

ポリエステル吊して使える 洗面用具ケース

ネイビー　幅16cm×高さ 19 ×奥行6cm　1,590 円（税込）

想像以上に大容量で 使い勝手もよし！

　旅行やジムに行くときにピッタリのケースです。前面をガバッと開くとフックが出てきて引っかけられるようになっています。フックは回転するのでどちらの向きにもかけられます。私の旅の必需品なんですが、洗面台の横のタオルバーにかければメイクもスムーズです。狭くて置き場に困る場所でも、引っかける場所さえ見つかれば便利に使えます。ポケットがいっぱいあるので、こまごましたものを分けて収納できるのも魅力です。これは、家で使うのもありですね。

（左）中にはゴムバンドがついていて、無印良品の携帯用の洗顔クリームや化粧水がジャストフィットで収まりました！　バッグの中でどんなに揺れても大丈夫そうです。手前にもポケットがあってファスナーがついています。
（右）フタ側のメッシュ部分にも、小さなゴムバンドがついているので、こまごまとしたメイク用具などを入れるのにもピッタリだと思います。ただ、防水ではないので浴室に持って行くものではないです。持って行けるのは洗面台までですね。

旅先の洗面所にて

このようにタオルバーに引っ掛けておけば、スキンケアからメイクまでラクちんです。取りやすいし見つけやすいし、効率的ですよね！　そして、このポーチにすべてまとめているので忘れ物もなくなりますよ。ジムにもオススメです！

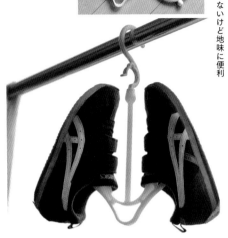

091

シューズハンガー

110 円（税込）

直置きより断然早く乾く！

　靴って乾きにくいですよね。少しでも早く乾かすに
は、地面に直置きはNG。衣類と同じように、浮かせ
て干すのが正解です。このとき便利なのが、100円ショ
ップのシューズハンガー。右の緑色のものはだいぶ
前に購入したので、もう廃番かもしれません。左のハ
ンガーも2年以上使っていますが、こちらの形のほう
が断然オススメ。角度が絶妙で、かかと部分に水が溜
まりにくいし、靴同士も離れるので乾きやすいです。
この色はもうないかもしれませんが、同じ形のものが
セリアやダイソーで手に入ります。

092

ワンキャッチ

耐荷重500g　直径3cmまでOK
110 円（税込）

貼りつけるだけで
扉裏を収納に変身

　裏側に強力な粘着テープがついていて、ペタッと貼
りつけるだけ。これで、ほうきやフローリングワイパ
ーの柄の部分をカチッとホールドできます。わが家で
は、扉裏につけてフローリングワイパーを収納してい
ます。直置きしておくとバサッと倒れてくるし邪魔だ
し、ストレスになるけれど、浮かせて収納できれば、
ホコリもたまらないし掃除もしやすい！　何より扉裏
が収納になるなんて得した気分になれますね！

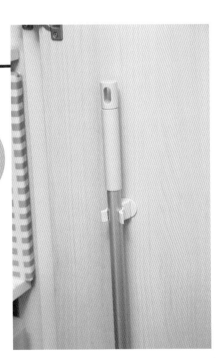

093

マーナ

いろいろな
場所で

シュパット
コンパクトバッグ Drop

容量16ℓ 約28×56cm（バッグ使用時）、約8×10×4cm（折りたたみ時）　2,178円（税込）

爆速でたためる！

　エコバッグが義務化されて、いつも持ち歩いている人も多いはず。出すのはよくても、たたむのって面倒……。そんな人には迷わずシュパットをオススメしたいです！

　シュパットは両端を持って一気に引っ張るだけで、一瞬でたためるんです。あとはくるくる巻くだけなので、爆速です。デザインは、シンプルなものから個性的な目を引く柄までさまざま。サイズも小さいものから特大まで豊富で、スリムな縦型やお弁当用の保冷タイプもありますよ。

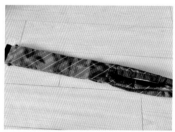

両端をシュパッと引っ張ると、このようにまっすぐの状態になります。あとは適当にたたんでゴムで留めるだけ。早い！

キャビネットの引き出しには、ノーマルタイプのLもあります。忘れないようにバッグの中にも入れておくといいですね。

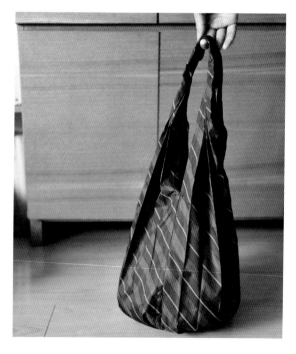

中が見えないし、持ちやすいし肩にもかけられます。下がぽってりしてるので、思った以上に入ります。底にりんごが4つは入りますね。

Stress relief item

094

無印良品

いろいろな
場所で

ジュートマイバッグ

B5：タテ 27 ×ヨコ 31 ×マチ 16㎝　190 円（税込）
A4：タテ 31.5 ×ヨコ 36 ×マチ 19㎝　250 円（税込）
A3：タテ 36.5 ×ヨコ 46 ×マチ 22㎝　290 円（税込）

いろいろ使えて
コスパがすごい！

　昨年発売され、ネットストアでは一瞬で売り切れたという大人気商品。本体はジュート素材でかなり軽いし、ジュートは耐久性も高く、風通しもいいですよ。それなのに、お値段190円（B5）、250円（A4）、290円（A3）って破格ですよね！

　マチがたっぷりなので、思った以上にたくさん入ります。サブバッグとしてならB5、エコバッグならA4、もっと大きなものを運びたいならA3ですね。収納にも使えて便利です。ただ、服によってはジュートの繊維がくっつきます。でも、小さな繊維はしょうがないですかね。

マチがたっぷり！　ちゃんと自立します。

持ち手は布製でしっかり縫いつけられています。

バドミントンの道具をガサッと入れても罪悪感なし！　アウトドアにもかなりオススメです。犬の散歩にもちょうどいいですね。

095

S Hook（エス・フック）

約幅3.8×奥行0.5×高さ6.5cm　3個入　550円（税込）

最高に使いやすいS字フック

　これまでいろんなS字フックを使ってきましたが、間違いなくこれがNo.1！　片側がシリコンでしっかりはまるようになっているので、多少荒っぽく取っても外れません！　最高に使いやすいですね。水にも強いので浴室でも使えます。直径2.2cmまでOKなので、ほとんどのバーにはつけられます。耐荷重も800gなので丈夫です。カラーは4色ありますがシンプルなホワイトが好きです。3個で550円なので安くはないけど、一度この便利さを知ってしまうと、ほかのは使えなくなりますよ……。

こんなすき間でも使える！

無印良品の「卓上ほうき・ちりとりセット」
（p.86）を机に引っかけて。机が広々使えてうれしいです。

玄関にお散歩グッズを

玄関収納の扉裏にあるバーに愛犬のお散歩グッズを引っかけて。耐荷重は800gなので、このくらいの荷物なら余裕ですね！

ハンガーラックにもぴったり

直径2.2cmまでのバーにかけられます。ニトリのラックにもジャストフィット！　バーの直径は事前に確認したほうがいいですね。

浴室でも使ってます

濡れても問題なし。泡立てネットやスポンジを引っかけています。もう、そ〜っと取らなくていい！　このおかげでストレス激減。

Chapter 6

これは優秀！
防災＆アウトドアグッズ

もしもの備えの
普段使いと
災害時にも使える
アウトドアグッズ

　熊本地震を経験したので、日ごろからの備えがいかに重要か身にしみて感じています。防災グッズは使う機会がないに越したことはありませんが、実際に必要となったときに使えないと意味がありません。それは被災したときに痛感したことです。購入したら、奥にしまい込まず、すぐに使えるようにしておくこと、使い方に慣れておくことが大切。その点、無印良品の非常時用のアイテムは、デザインが部屋に調和したり普段使いできる点がすぐれているなと思います。

　最近、わが家は家族でキャンプに行く機会が増えました。近場のキャンプ場でも毎回新しい発見があるし、回数を重ねるごとに家族みんながたくましくなっているのを感じます。キャンプに慣れておくと多少のサバイバルな状況でもあたふたせずにすみます。実際、アウトドアグッズは災害時にも使えるんですよね。停電時はキャンプ用のライトが役立つし、ガスが止まったら卓上コンロでなんとかなる。焚火でごはんを炊くのにも慣れました。確実にレベルが上がっています（笑）。防災グッズを準備するのはなんとなく、あとまわしにしがちだけど、アウトドアグッズなら楽しく選べる不思議……。

　キャンプ人気が高まるにつれ、100円ショップでもアウトドアグッズが増えてきました。今まで値段が高いイメージだったアウトドアグッズも、手軽にそろえられるようになったのはうれしいこと。100円ショップのおかげで、さらにキャンプ熱に火がつきました。

096

LED 持ち運びできるあかり

約幅11×奥行7.1×高さ27.5cm　6,890円(税込)

懐中電灯より身近なあかり

　その名の通り、持ち運びできる充電式のライト。明るさは2段階で調節できます。持ち手がハンガー形状になっているので持ちやすく、ドアノブなどいろいろな場所に引っかけることもできます。

　また、停電などで充電中の電源が断たれたときはあかりが自動点灯するので、災害時にも心強いです。1時間タイマーもあるので、読書灯としても便利。寝落ちしても大丈夫ですよ。赤ちゃんへの夜間授乳、おむつ替えにもいいですね。普段使いできて懐中電灯より身近な感じです。

停電すると自動点灯して、まわりを照らしてくれます。真っ暗な中のあかりがいかに大事か！懐中電灯を探すときに足を扉に強打したのは今でも忘れません……。そのまま外まで持ち運べるのがいいですよね。

Stress relief item

097

無印良品

防災・
アウトドア

フィルム石けん

外寸 5.4×7.5cm　24枚　590円（税込）

ものすごくコンパクトサイズなので、常にポーチに入れておくといいですね。いざというときに頼りになってくれると思います。24枚も入ってるので、意外と長持ちしますよ。

公園、アウトドア、
災害時にも役立ちます

　普段でも災害時にも役立つ石けん。このサイズならポーチにも余裕で入るし持ち運びしやすいですね。フィルムなので、液漏れの心配もありません。1枚でも結構泡立つので、子どもには1/2枚でいいかも。何よりこのぺらぺらのシートが石けんだなんて不思議なようで、子どもたちは自らすすんで手洗いしてくれます。公園などでも役立ちそうですね。

　災害時は衛生面が重要になります。常備しておくと避難所に行ったときもいくらかは安心ですね。防災リュックに入れておくのをおすすめします。リフィールは24枚入りで390円（税込）です。

使い方

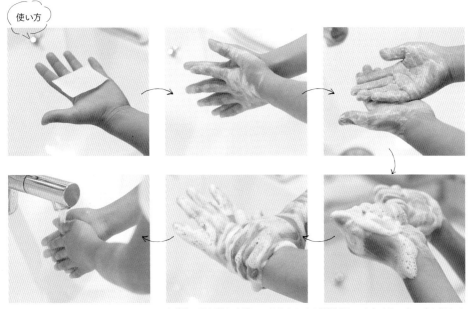

　まずは、手を濡らす前に、あらかじめ1枚剥がしておきましょう。水に濡れるとたちまち溶ける、というか崩れていきます。徐々に泡立ってきますので、少しずつ水をかけるのがポイントです。たっぷりの泡が出てきて、手のひら、指の間、手首までキレイに洗うことができました。ほのかに上品な香りがありますね。泡切れもよく、さっぱりとした洗い上がりです。

098

折りたためるヘルメット

28.5×20.8×15㎝（立体時）、35.5×3.3×18.6㎝（収納時）　約550g　4,900円（税込）

ヘルメットの収納問題はこれで解決！

　防災用のヘルメットって、大きくて置き場に困るイメージがありまますよね。でも、この「折りたためるヘルメット」なら、保管時はA4サイズに収まってコンパクト。玄関の狭いスペースにも置けました。真っ白なので見た目にうるさくない所も◎。広げるときにちょっとコツがいるので、そこはしっかり練習しておきましょう！　この商品は、無印良品のネットストア限定です。

ヘルメットと言われても……このままではまだ信じられません。そして、この薄さ！厚みはたったの3.3㎝、重さは550g。素材がABS樹脂というプラスチックなので軽いんですね。プラスチックで強度は大丈夫？と思いましたが、一般的な安全ヘルメットってABS樹脂なんですって。それなら問題なし！それ以前に、もちろん安全基準をクリアしてるので安心です。

使い方

① まずはストッパーを2カ所外します。そして、このように持って両側からグッと押します。

② カチッという音とともに、立体的なヘルメットに変身しました！割と簡単ですが、災害時は1分1秒を争うので、早いのは大事なポイントですね。

③ 内側には調整用ベルトがあるので、頭のサイズに合わせて調整しましょう。ジャストサイズにしないと、グラグラで安定しないので注意！

被ってみました。初めは戸惑いますが、水平になるように被るのが正解。被り心地は浅めですね。サイズは大きめなので男性でも大丈夫です。

普通のヘルメットは大きくて入らないけど、これなら家族分も入りそうです。白いので悪目立ちもしませんね。お値段は高めですが、この収納のしやすさを考えるとアリですね。災害大国、日本。とにかく備えるに越したことはないですよね。もし、収納の問題でヘルメットを準備してないのなら、これでスパッと解決です！

Stress relief item

099

100円ショップ

アウトドア・
リビング

フッククリップ

耐荷重500g　110円（税込）

キャンプ用のゴミ箱は
これで OK

（上）めちゃくちゃ硬い！
その分がっつり固定でき
ます。（右）家の中でもポ
リ袋を引っかければ、即
席ゴミ箱！

　ダイソーやセリアで買えるフックのついたク
リップ。シンプルな発想なんですがこれがかな
り使えるヤツなんです。いすやテーブルなどに
クリップを挟んで、ビニール袋を引っかければ
簡易ゴミ袋の完成！　エコバッグやエプロンを
引っかけるのもいいかも。挟む力がかなり強い
ので簡単には外れませんよ。上下関係なく使え
るのでもたつかないのもいい！

　キャンパーにも人気のアイテムで、外でも使
えるんですよね。外で使うなら2個使いがオス
スメ！　1つのときより外れにくくなります。
かなり風の強い日にテーブルにこれをつけて、
ポリ袋を引っかけて使いましたが、飛ばされる
こともなくしっかり役目を果たしてくれてまし
た。これはキャンプの必需品ですね。

**がっつり
挟んで風にも
負けない！**

ちょっとやそっとじゃ
動きません。プラスチ
ックなので寿命は短い
かもしれないけど、
100円なら許せるー！

ポリエチレンシート・トートバッグ

トートバッグ・ネイビー：約53×36×19cm　499円（税込）
ミニトートバッグ・ライトベージュ：約45×26×19cm　399円（税込）

１つ持っておくと何かと便利

軽くて水にも汚れにも強い、無印良品のエコバッグ。イケアのあの青いショッピングバッグに似た感じですが、こちらのほうが落ち着いたカラーなので使いやすいです。

ライトベージュとブルー、小サイズと大サイズ。どれにしようよう迷いますね。エコバッグとしてもいいんですが、アウトドアにも使いやすくてオススメです。汚れたり濡れたりするのも気にせず置いておけますからね。

子どもたちが年度末に学校から荷物を大量に持ち帰ってくるときもこの大サイズがあれば安心です。算数セットや大きな道具箱なども入りますよ。ボタンで閉じられるのもポイントです。

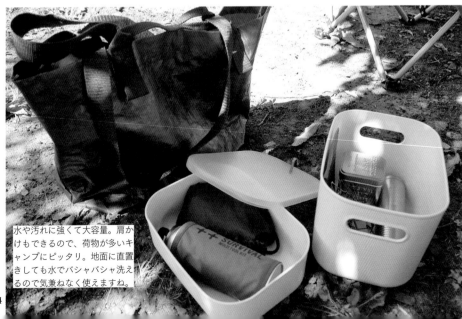

水や汚れに強くて大容量。肩かけもできるので、荷物が多いキャンプにピッタリ。地面に直置きしても水でバシャバシャ洗えるので気兼ねなく使えますね。

Stress relief item

101

セリア

アウトドア

バックル BOX

11.7 × 17.6 × 11.5cm 　110 円（税込）

テンションアップのかわいさ

　このサイズ感！　かわいいな〜。片手で持てるミニサイズの収納ボックス。何やらあの収納ボックスに似ていますね。名前は「バックルBOX」。ストッパーもしっかり留まるし、余計なロゴがないので安っぽく見えないのもいいですね。好きなステッカーを貼ってデコってもいいかも。100円グッズとはいえクオリティの高さに驚きます。

　家で小物入れとして使うのもいいけど、せっかくならアウトドアっぽく使いたいですよね！　実用性というよりも、完全に見た目重視の自己満足ですが(笑)、たまにはこういうテンションアップグッズがあってもいいですよね。

無印良品の「ポリプロピレン頑丈収納ボックス」(p.70)かと思いきや、親子サイズ(笑)。細部まで再現度がすごいですよ！

キャンプ時の
小物類を整理収納！

ということで、こんな感じに詰め込んでみました。左から、コーヒーセット、調味料、ベアボーンズのライト。どれも絶妙にちょうどいいサイズ。これはテンション上がります!!

135

102

ニトリ

アウトドア・
キッチン

スキレット鍋　15㎝

幅25.5×奥行15.7×高さ3.3㎝　約720g　499円（税込）

直火でもガンガン使える
タフなヤツ

　少し前にブームになったニトリのスキレット、通称「ニトスキ」。4年ぐらい前に購入しましたが、今でも現役で使ってますよ。高温で焼けるので、ウインナーは安いものでもパリパリジューシーに！　コーンバターも最高においしかったです。普段はコンロで使いつつ、キャンプのときは焚き火の上にのせちゃってもOK！　ちょっと焦げ目がつくくらいがいいですね。普通のハムエッグも5割増しくらいにおいしく感じます(笑)。タワシでゴシゴシ洗えるので、テフロンが剥げるなどの心配は無用です。男前のタフさもありつつ、アヒージョなどのおしゃれ料理もできるので、本当に万能。そして、このお値段すごい……。

（上）ちゃんと専用の持ち手カバーもあるんです。そのままだと激熱でさわれないので、これはマストアイテムですね。
（左）普通のパンケーキをのせてみる。たちまちオシャレ！　お皿としてそのまま出せるのがいいですね！　簡単にカフェ気分を味わえますよ。ナイフを使い慣れない娘が、ガチャガチャやりながら食べてたけど、それも許せる頑丈さ！　お皿だと傷とか心配ですけど、スキレットなら仏のような心で見守ってられます(笑)。

被災して見直した
防災グッズの中身

　2016年4月14日と16日に発生した熊本地震を経験しました。防災リュックを背負って避難した体験から、災害直後に役に立ったもの、あったらよかったものを紹介します。

　住んでいる地域や環境、家族構成によって必要なものが変わってくると思いますが(薬、おむつ、着替え、傘、ペット用品など……)、防災グッズを見直す際の参考になればと思います。

　3日くらい経てばだいたいの支援物資が届くようです。逆に言えば最低でも3日分くらいは自分で用意しないといけないということ。もちろん防災リュックは「準備してるけど使うことがない」っていうのが一番理想なんですけどね。お守りになればいいなと思います。

　ただし、もっとも大切なのは自分の身を守ること。生きてさえいればどうにかなりますから！

避難後すぐに役に立ったもの

◆ラジオ

結局一番信頼できる情報源はラジオでした。SNSは情報源がはっきりしないし、地震直後に「ライオンが逃げた」というデマも広がりました……。停電時もラジオなら聴けますからね。ただ、防災リュックに入れてたのは手動でくるくる回して充電するタイプ。これ、失敗でした！

というのも、一刻も早く聴きたいのにクルクルクルクル……。クルクル回してる間大切なラジオの音声は途切れます。そして、ラジオを持っているのが私ぐらいだったので、みなさんが聞き耳を立ててる……。そんなときにクルクルクル……。このクルクル回してる間、電池式のラジオに買い替えようと心に決めました。

いまはスマホでもラジオは聴けます。ただ、スマホの電池はものすご～く貴重なので、万が一のときのために取っておきたいですよね。連絡を取りたい人もいるでしょうし。

ということでラジオは、機能は最小限でいいのでとにかく電池式がオススメ！ 予備の電池を入れてたらなおよし！

◆カイロ

熊本地震が起きた時期は4月といえども寒かったので、カイロはかなり重宝しました。余ったものを近くのご老人たちに差し上げたら、とても喜ばれましたよ。余分に入れておいてよかった！ 冬場なら毛布などをガッツリ被って避難したほうがよさそうです。夏場には、冷却ジェルシートなどがあるといいと思います。

◆モバイルバッテリー、充電器

モバイルバッテリーはもはや必需品ですね！安否確認は携帯電話がないとほぼ不可能です。私は普段使っているモバイルバッテリーを持って行きました。 停電していたら充電もできないので、大容量のモバイルバッテリーを推奨！ これは災害用じゃなく、普段使っているものでOK！

◆LINEアプリ

ものではないですけど、これは超絶大事！電話で安否確認したくても回線がパンク状態！ 地震発生後しばらくは繋がりません。でもLINEの通話ならすぐ繋がりましたよ！さすが、震災から生まれたライフLINE !!祖父母にも入れておいてほしい。普段から使い慣れておいてほしいですね。

◆お菓子

地震直後、知り合いの家族と一緒に公園で身を寄せ合っていましたが、子どもたちに非常用のビスケットを出してあげたら少しは落ち着いたようでした。これも入れておいてよかった！ 非常用のお菓子なら長持ちしますし、いまは種類も豊富です。

◆救急セット

本格的な救急箱じゃなくても、ばんそうこうとガーゼくらいは準備しておいたほうがいいです。少し気持ちが落ち着いてきたくらいにあちこち擦りむいていることに気づきます。私も翌日に膝のすり傷とあざに気づきました（それくらいでよかった）。ただ、大きなケガのときはすぐ救急車を！

避難後あったほうがいい！と思ったもの

◆レジャーシート
被災直後は、とりあえずみなさん外に出て、広い場所に集まるかと思います。そんなとき、レジャーシートがあれば幾らかは安心です。家族が座れるサイズを入れておくといいですね。

◆トイレットペーパー
もし、公衆トイレにトイレットペーパーがなかったら……ただでさえ不安なのに、そんなことでさらに不安になりたくない！　トイレットペーパーはティッシュとしても使えます。芯を抜いて潰せばコンパクトになりますよ。

◆小銭
逃げるときに財布を持って来られたらいいですが、非常時はそこまで気がまわらないのが現実。

だから防災リュックに入れておくといいですね。自販機など小銭があると何かと便利です。

◆500㎖ペットボトル
防災リュックに2ℓの水は入れてたけど、飲みにくいですよね。しかもコップもないし……。きっと盲点。衛生的にも小分けのほうが使いやすいです。ということで、500㎖×4本に替えました。これはぜひやってほしいです！

◆ヘルメット
地震のとき、地鳴りがすごいです。本当に怖い。でも、下だけ注意しがちなんですが、実は上も危険！　何が落ちてくるかわかりません。収納場所がない……というときは、折りたたみ式のものもありますよ(p.132)。

2日目以降〜避難所などで必要なもの

◆サインペン
避難所のコンセントまわりには携帯電話の充電器がいっぱい！　もうどれがどれだか……。サインペンで自分の名前を書いている方がいて、なるほど！　と思いました。

◆ガムテープ
ガムテープも万能！　固定したりマークをつけたり。貼りつけるだけじゃなく、ガムテープにサインペンで書いて貼ったりもできます。これだとものに直接書かなくてもすみます。

◆アルコール手指消毒液
断水中、本当にお世話になりました。これも必須。ぜひ常備しておきましょう。除菌ウェット

ティッシュでもいいですね。特に夏場は食中毒が怖い！　熊本地震の際も問題になりました。

◆歯ブラシ、マウスウォッシュ
東日本大震災のとき、歯磨きができずに肺炎にかかる人がいたそうです(誤嚥性肺炎)。歯みがきができるならぜひ歯みがきを。もしできないなら、うがいの必要のないマウスウォッシュでもいいですね。

◆紙皿、紙コップ、割り箸、ラップ
断水中の強〜い味方！　紙皿は平らなものではなくて深めのボウルタイプがおすすめ。強度もありますからね。お皿はラップをかけてから使うと繰り返し使えます。

防災リュックの置き場所

　玄関の靴箱には、自分たちでいろいろ詰め込んだ防災リュックを2つ置いています。玄関はすぐに持って逃げられるので最適な場所だと思います。最初の地震発生直後、夫と1つずつ背負って避難しました。玄関だと逃げるついでに背負えます。

レジャーシート、サインペン、ガムテープ、傘、ウェットティッシュ、水、非常食、手袋、カイロ、冷却ジェルシート、マスク、タオル、ティッシュ、懐中電灯、ばんそうこう、トイレットペーパー、歯ブラシ、洗髪用の粉

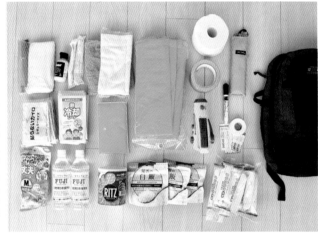

救急箱、傘、食器セット、除菌ウェットティッシュ、懐中電灯、水、非常食、軍手、ビニール袋、ラップ、ポリ袋、連絡用の紙

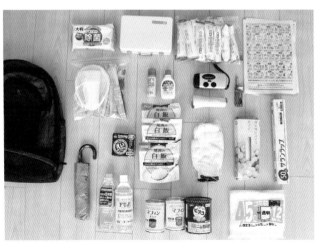

おわりに

　2012年からこれまで、ブログやコラムで便利グッズや収納用品を紹介してきました。この本はその集大成となりました。数えきれないくらい買い物の失敗もしてきたけれど、いまとなってはそれもいい思い出です(笑)。

　この本の制作にあたり、あらためて家じゅうを見渡してみましたが、本当にたくさんのものに助けられているなと感じました。便利グッズは日々進化していて、数年前はシャンプーボトルや洗面器が宙に浮くなんて、想像もしませんでした(正確にはどうすれば吊るせるかずっと試行錯誤していたのですが……)。浮かせるアイテムが登場して浴室のピンクヌメリがなくなったように、暮らしのプチストレスを解消してくれるものは、どんどん増えています。それを取り入れることで少しでも自分の時間ができたり、日々の掃除がラクになったら最高ですよね。
　本書を読んでくださったみなさんの暮らしが少しでもラクになりますように。私も苦手な料理や掃除のストレスをゼロにするべく、もっともっと研究していきたいと思います。

　出版にあたり協力してくれたみなさんに、そして本書を手に取ってくださったお一人お一人に感謝しながら。

mujikko

mujikko

整理収納コンサルタント／もの選びコンサルタントとして活動。2012年から始めたブログ「良品生活」では、無印良品など暮らしに役立つアイテムの使い方、選び方についてのレポートが人気。熊本地震の経験から、「もしものときの備え」についても積極的に情報を発信している。「整理収納アドバイザー1級」「整理収納コンサルタント」取得。著書に『長く使えるずっと愛せる「無印良品」探し』(主婦の友社)がある。熊本県で夫、小学生の息子と娘、愛犬と暮らす。

staff

[デザイン]　太田玄絵
[撮影]　mujikko、松竹修一（松竹写真事務所）
[編集協力]　村越克子
[編集長]　山口康夫
[編集]　見上愛

家じゅうのプチストレスを解消！
すごい収納用品、すごい100円グッズの使い方図鑑

2020年6月1日 初版第1刷発行
2020年10月1日 初版第3刷発行

[著者]　mujikko
[発行人]　山口康夫
[発行]　株式会社エムディエヌコーポレーション
　　　　〒101-0051　東京都千代田区神田神保町一丁目105番地
　　　　https://books.MdN.co.jp/
[発売]　株式会社インプレス
　　　　〒101-0051　東京都千代田区神田神保町一丁目105番地
[印刷・製本]　日経印刷株式会社

【カスタマーセンター】
造本には万全を期しておりますが、万一、落丁・乱丁などがございましたら、送料小社負担にてお取り替えいたします。お手数ですが、カスタマーセンターまでご返送ください。

◎落丁・乱丁本などのご返送先
〒101-0051　東京都千代田区神田神保町一丁目105番地
株式会社エムディエヌコーポレーション カスタマーセンター
TEL：03-4334-2915

◎内容に関するお問い合わせ先
info@MdN.co.jp

◎書店・販売店のご注文受付
株式会社インプレス　受注センター
TEL：048-449-8040／FAX：048-449-8041

ISBN978-4-8443-6991-2
C0077